数字时代图书馆读者服务与用户体验初探

翟媛 ◎ 著

山西出版传媒集团

山西人民出版社

图书在版编目（CIP）数据

数字时代图书馆读者服务与用户体验初探 / 翟媛著.
太原 ：山西人民出版社, 2024. 11. -- ISBN 978-7-203-
13678-1

Ⅰ. G250.76

中国国家版本馆 CIP 数据核字第 2024W7Y680 号

数字时代图书馆读者服务与用户体验初探

策　　　划：山东瑞天书刊有限公司
著　　　者：翟　媛
责任编辑：孙　茜
复　　审：贾　娟
终　　审：梁晋华
装帧设计：瑞天书刊

出 版 者：山西出版传媒集团·山西人民出版社
地　　　址：太原市建设南路 21 号
邮　　　编：030012
发行营销：0351—4922220　4955996　4956039　4922127（传真）
天猫官网：https://sxrmcbs.tmall.com　电话：0351—4922159
E—mail：sxskcb@163.com 发行部
　　　　　sxskcb@126.com 总编室
网　　　址：www.sxskcb.com

经 销 者：山西出版传媒集团·山西人民出版社
承 印 厂：济南文达印务有限公司
开　　本：710mm×1000mm　　1/16
印　　张：12.75
字　　数：200 千字
版　　次：2025 年1月　第 1 版
印　　次：2025 年1月　第 1 次印刷
书　　号：ISBN 978-7-203-13678-1
定　　价：68.00 元

前　言

在当今信息爆炸的数字时代，图书馆作为知识传播和文化传承的重要机构，正面临着前所未有的挑战和机遇。其在推动教育发展、促进学术研究、服务社会发展等方面的不可替代性，使得图书馆在数字化转型的浪潮中，势必不断探索和创新，以适应读者需求的多样化和不断演变的信息环境。

图书馆的重要性不仅体现在书籍的收藏与保存，更体现在其为社会提供开放、平等、可及的知识服务。数字时代的来临使得图书馆不仅面临着信息储备与传递的技术升级，更面临着服务理念与用户体验的全面深化。因此，深入研究数字时代下图书馆的读者服务和用户体验，成为图书馆发展的当务之急。

《数字时代图书馆读者服务与用户体验初探》一书聚焦于图书馆服务方法体系的多功能性和多层次性，旨在揭示数字时代给图书馆带来的新挑战和机遇。同时，通过对图书馆用户体验服务模式的多方面研究和调查，力图洞察用户需求背后的深层次变化，并提出相应的服务创新策略。深入剖析数字时代图书馆服务模式的多样性，从传统的纸质图书到数字化资源的全面涌现，以及智慧图书馆所带来的全新体验。关注技术创新在服务中的应用，但更加强调服务理念的创新，致力于使图书馆成为读者信息需求的主动满足者，而不仅仅是信息的储存者。此外，笔者将用户体验放在服务创新的核心位置，通过多层次、多领域的研究，提出了一系列全面而可操作的策略，力求提高图书馆的服务水平，增强用户的满意度。

本书参考了一些学者的研究成果，在此对这些学者表示深深的感谢。由于笔者水平有限，书中难免有错漏和不妥之处，敬希同行专家和广大读者批评指正。

目　录

第一章　图书馆服务

第一节　图书馆与图书馆的服务

一、图书馆的由来与定义

（一）图书馆的由来

图书馆的形成和演变经历了一个历史演进过程，与当时社会的经济状况和生产技术的发展紧密相连。

"图书馆"这个英文词汇源自拉丁文的"Liber"，意指收藏书籍之处。在中国，古代的知识存储场所常被称作"府""阁""观""台""殿""院""堂""斋""楼"等，如西周时期的盟府、两汉时期的石渠阁、东观和兰台，隋朝的观文殿、宋代的崇文院、明朝的澹生堂以及清朝的四库全书七阁等等。

直到19世纪末，外来语言带来了"图书馆"这个概念。1879年，日本的"东京书籍馆"更名为"东京图书馆"，正式采用了"图书馆"这个名称。不久后，这个词传入中国。1902年，清政府在颁布《学堂章程》时，正式采用"图书馆"一词，自那以后的百余年中，这个名称一直被沿用。

（二）图书馆的定义

图书馆的定义可以分为广义和狭义两个层面，广义的定义是对图书馆这一人类社会现象的综合描述，通常用于涵盖一般性图书馆的概念。

在中国，早在20世纪30年代，一些图书馆学者就开始为图书馆提供定义。例如，刘国钧提出，图书馆的定义为：图书馆是一个机构，其目标是收集记录人类一切思想和活动的资料，然后以最科学和经济的方式来保存和整理这些资料，以便社会中的每个人能够使用。

《辞海》中对图书馆的定义为：图书馆是一种文化机构，其主要任务是搜集、整理、储藏和提供文献资料，以满足读者学习和研究的需求。

1958年，卢震京在《图书馆学辞典》中对图书馆的定义如下：图书馆是一个文化中心，根据特定需要，收集了人类文化领域中的重要文献，包括科学、技术、艺术和文学方面的精华记录。它运用科学和经济的方法对这些文献进行整理和保存，以便广大人民能够利用这些资源，并且帮助他们获取马克思列宁主义知识，以支持社会主义建设的需要。

1960年，黄宗忠、郭玉湘、陈冠忠在他们的论文《关于图书馆学的对象和任务》中提出了以下观点：图书馆是一个文化教育机构，其任务是通过收集、整理、保管、流通和宣传图书资料，为特定社会阶级的利益和特定政治路线提供服务。

吴慰慈在他的著作《图书馆学概论》（1985年版）中阐述了如下观点："图书馆是一种文化教育机构，其任务是搜集、整理、保存和利用书刊资料，以为特定社会的政治和经济服务。"而在《图书馆学概论》的2002年版中则描述如下："图书馆充当社会记忆的外部存储和信息选择传递机构。简而言之，图书馆是社会知识、信息和文化的存储和传播工具。"

在21世纪初，中国的图书馆领域展开了有关图书馆新定义的探讨。台湾大学学者胡述兆提出图书馆的定义为：图书馆是一个机构，以科学方法采集、整理、保存各种印刷和非印刷的资料，以供读者使用。

同时，北京大学信息管理系教授王子舟也对图书馆进行了重新定义，他认为图书馆是一个机构，用于存储、管理和检索知识，以为公民提供平等和自由获取知识的服务。

从2003年的图书馆定义所引发的学术争鸣可以看出，那个时期图书馆正经历着快速的变革，这一变革是由新技术的迅猛发展和广泛应用所推动的。图书馆网络技术和信息技术的广泛应用，优化了图书馆的工作流程，拓展和丰富了图书馆的资源收藏，提高了图书馆的服务水平，扩展了图书馆的服务领域。这使得图书馆不再局限于传统形式，而是朝着传统图书馆与数字图书馆共存的方向发展。

这一变革主要受益于网络技术和信息技术的快速发展。尝试为图书馆提供一个全面科学而确切的定义变得困难，因为图书馆的本质在不断变化，而社会也在不断发展演变。因此，我们只能根据人们对图书馆的认知水平和需求，为某一时期的图书馆提供一个相对科学和确切的定义。这也突显了图书馆领域需要不断适应和反映社会变化的本质。

二、图书馆服务

服务一直是图书馆领域中的核心议题，被视为一个永恒的主题。在阮冈纳赞提出图书馆学五定律和刘国钧讨论图书馆学要点时，两者都强调了图书馆的"服务"概念。这是因为服务被认为是图书馆的灵魂，是核心、基础，也是所有工作的起点。这凸显了服务观念和理念在图书馆领域的至关重要性。

（一）图书馆服务的定义

《中国大百科书·图书馆学情报学档案学》中对图书馆服务的定义是："图书馆通过一系列活动，直接向读者提供馆藏和设施内的文献和情报，有时也被称为图书馆读者工作。"其外延包括："现代图书馆不仅透过阅览和外借提供印刷型书刊资料，还涵盖缩微复制、参考咨询、编译报道、情报检索、情报服务、定题情报检索以及专题讲座、展览等宣传文献情报知识的服务。"

图书馆服务存在一些共同的结构要素，首先是服务对象，即社会各种组织和个人，以读者为主体，构成图书馆服务的用户群体。其中，有些个人和单位可能并非图书馆文献信息资源的直接利用者。其次是图书馆资源，也被称为图书馆服务资源，它是图书馆提供服务的基本条件，包括文献信息资源、人力资源、设施资源以及其他可供社会和个人利用的资源。第三是图书馆服务对象主要以文献信息为主，同时涵盖其他形式的服务需求。最后，为了满足社会和用户需求，图书馆提供各种服务手段和方式，这是服务实现的前提条件。因此，图书馆服务是为了满足社会和用户在文献信息等多个方面的需求，利用自身资源，采用多种方法进行的一系列服务活动。这一定义不仅符合当前图书馆服务工作的实际情况，还符合图书馆服务功能开放性发展的趋势，并具有一定的前瞻性。

（二）图书馆服务的构成要素

图书馆服务的组成要素可概括为四个，它们之间相互关联、相互影响，以确保图书馆服务工作能够不断变革、不断发展，以适应读者日益多元、多层次的信息需求。

1.服务对象

在图书馆服务中，我们关注的主要对象是读者，他们是文献信息资源的使用者，通常也被称为文献信息用户。读者这一概念涵盖了社会范围广泛，通常指那些通过一定方式获得授权，从而具备利用图书馆各种资源的权利的社会成员。无论是个人、集体还是单位，都有可能成为图书馆的读者。读者不仅仅是文献信息的利用者，同时也是文献信息的接受者。如果没有读者对文献信息的利用，读者服务活动就无法展开。

2.服务的基础资源

服务工作的关键是拥有必不可少的物质和人力条件，这些是服务不可或缺的保障。除了馆舍、软硬件和馆员等通用要素外，图书馆作为一个社会特殊行业，其服务的根本基础在于拥有丰富而广泛的信息资源。这是进行各种读者服务工作的前提条件。图书馆的信息资源涵盖了丰富多样的内容，是经过长期建设形成的巨大知识宝库，以满足自身读者群体和服务任务的需要。图书馆信息资源通常具备三个基本特征：首先，包括传统的印刷型馆藏文献和庞大的数据库群，形成海量的文献资源；其次，信息资源之间具有相互支撑和关联的科学体系；最后，资源通过各种联盟体系与外部资源构成纵横交错的联合保障体系。图书馆之所以能够吸引规模不等、不断增长的读者群体，关键在于读者通过图书馆能够获取其他社会机构和渠道难以获得的信息资源保障。因此，图书馆的文献资源体系是其履行社会职能、生存和发展的基本条件。

3.服务方法

图书馆服务方法是指通过各种文献信息服务方式和手段构建的多层次、多功能服务体系，旨在满足读者特定的文献需求。这构成了读者服务工作的基本保障，同时也是图书馆服务的核心手段。这些服务方法的形成既是社会分工发展的产物，也是图书馆自身演变的结果。各种服务方法相对独立，同时又相互渗透、联系，具备相对独立的功能、效果和适用范围，背后有着独特的历史背景。同时，这些方法之间也相互补充、共同发展。图书馆服务方法主要包括图书、报刊等文献的外借服务、阅览服务、复制服务、参考咨询服务，以及数字资源的网络信息服务等。随着社会对文献信息广泛应用的增加，图书馆的服务体系也将不断提升和丰富。

4.组织管理

组织管理是确保图书馆服务工作顺利进行的关键保障。图书馆服务的组织管理是以先进的服务理念为指导，充分运用现代科学方法和管理技术，对读者服务活动进行科学计划、组织、指挥、协调、控制的过程。这种组织管理贯穿于整个服务活动过程，同时也贯穿于图书馆工作的全过程。其核心在于有效运用人力、物力、财力等基本因素，有目的、有意义地控制图书馆服务系统的运动、发展和变化，以达到最大限度满足社会文献信息需求的总体目标。

（三）图书馆服务的分类

1.图书馆文献信息服务

图书馆通过直接提供文献和信息，展开一系列活动，统称为文献信息服务。对大多数图书馆而言，文献信息服务是服务的核心，包括文献外借、阅览、文献检索、数据库访问等。长期以来，图书馆通过科学组织的文献信息资源，确保在提供文献信息服务方面具备独特的优势。社会进入网络时代，图书馆的文献信息服务也迎来新的发展，即通过网络获取非本馆馆藏的信息，为用户提供网络文献信息服务。

2.图书馆非文献信息服务

这类服务是依赖于图书馆资源，包括馆员和建筑设备提供的服务，如图书馆员对读者提供参考咨询、社会教育以及运用图书馆建筑设备为读者提供娱乐休闲等。图书馆馆员具备经验丰富的信息服务背景，不仅提供文献信息，还能运用自身知识与技能向用户提供参考咨询和社会教育服务。图书馆场地对于公共图书馆是市民的公共空间，对于机构图书馆是服务对象的共享空间。管理者可以利用这个空间提供各种服务，用户可以在其中阅读、学习，同时也可享受娱乐和休闲活动。

三、图书馆服务发展历程

图书馆服务经历了五种形态的变化和发展，整体上呈现出阶梯函数的趋势。每个较高层次都基于较低层次，但同时展现出新的特征，使服务方式得以不断优化。

（一）文献实体服务

考古发现显示，约公元前 3000 年，在两河流域的古巴比伦王朝的一座寺庙废墟附近，发现了大量泥版文献，形成了已知最早的图书馆。直到近代印刷革命和产业革命之前，古代图书馆，包括西方的尼尼微皇宫图书馆、亚历山大图书馆、欧洲中世纪的寺院图书馆，以及中国殷商时期的"窖"藏甲骨、周代的守藏室、隋唐的书院，整体上呈现出对社会的封闭性。这决定了古代图书馆以文献实体服务为特色的服务内容与方式。

（二）书目信息服务

书目的基本特点在于它组织的不是信息资料本身，而仅仅是关于它们的信息。人们通过将文献实体与关于这些文献的信息分离出来，从而克服文献与需求者之间的矛盾，实现对这些文献信息的统一记录和组织。这一活动是所有书目活动历史和逻辑的起点，而提供书目信息服务则是书目活动的目的和终极目标。

在我国，由于纸质载体和印刷技术的发展，古代文献十分丰富，书目信息工作已有悠久历史。在西方，书目信息服务与近代图书馆的发展大致同步。

西方近代图书馆起源于文艺复兴和宗教改革时期，随着欧洲资本主义社会的形成，大规模机器生产的需求导致文献生产能力的提高。这促使一些国家的图书馆对外开放。17世纪，德国图书馆学家G.诺德提出图书馆应向"一切渴望学习的人开放"，不仅为特权阶层服务。到19世纪中期，以英、法等国为代表的工业革命基本完成，科技革命迅猛发展，科技书刊和文献索引如英国的《哲学汇刊》（1665）、德国的《药学总览》（1830）、美国的《工程索引》（1884）相继问世。西方的目录学也在这一经济、科技基础上取得快速发展。1895年，国际目录学会的成立标志着世界目录学由传统向现代转变。

同时，除了传统的文献实体服务外，各种书目信息工作、服务和管理在图书馆中迅速崭露头角，特别是分类目录、卡片目录、各种二次文献信息产品的开发，新到书刊目录报道、推荐书目服务，以及相关的书目控制、书目情报系统建设等逐步成为图书馆活动和服务的核心工作。

（三）参考咨询服务

参考咨询是指图书馆员为用户提供在文献利用和知识获取方面的帮助活动。这种服务包括协助检索、解答咨询、提供专题文献报道等方式，向读者提供事实、数据和文献检索支持。参考咨询突显图书馆的情报职能，更关注用户的信息需求，将书目信息服务提升为不仅提供书目工具，还解决实际问题。

通常认为，较为正规的参考咨询服务最早始于19世纪下半叶，最初在美国的公共图书馆和大专院校图书馆中展开。1876年，伍斯特公共图书馆馆长S.格林在美国图书馆协会第一次大会上提交的题为《图书馆员与读者之间的个人关系》的论文中首次提出，图书馆应该为有情报需求的读者提供个别帮助。这被认为是有关图书馆开展参考咨询服务的最早倡议。1891年，图书馆学文献中首次出现了"参考工作"这一术语，此后参考咨询服务理论逐渐被图书馆界接受和应用。

20世纪初，多数大型图书馆设立了参考咨询部门，逐渐成为图书馆服务的重要组成部分。随着文献信息的急剧增加和用户需求的上升，早期的服务范围，如指导图书馆的利用和通过书目解答问题，逐步演化为从多种文献信息源中查找、分析、评价和重新组织情报资料。到 20 世纪 40 年代，这一服务进一步扩展，包括回答事实性咨询、编制书目、文摘，进行专题文献检索，提供文献代译和综述等服务项目。

（四）信息检索服务

随着检索的智能化、数据挖掘、知识发现的不断发展，以及各类信息咨询和信息调查机构的涌现，全文本、多媒体、多原理和自动化等新型检索方式将取得显著进步。信息检索服务将逐渐演变成图书馆网络化知识服务的基础和手段。

（五）网络化知识服务

网络化知识服务与信息资源的网络化、知识经济以及技术创新的社会背景密切相关，也是信息检索服务发展的必然产物。自 20 世纪 90 年代以来，随着网络技术的普及和发展，图书馆的数字化进程、信息资源的网络化、信息系统的虚拟化以及各类非公益性信息机构直接向终端用户提供包括文献信息检索在内的信息服务，导致信息交流体系和信息服务市场重组，图书馆失去了对信息服务的垄断地位。这迫使图书馆必须迅速调整策略充实服务内容，重新定位其核心竞争能力，将现有以信息检索为核心的服务方式转向网络化知识服务方式，以确保在数字化、网络化环境中的社会贡献、用户来源和市场地位。

网络化知识服务标志着图书馆信息服务的高级发展阶段，它基于网络平台和各类信息资源（包括馆藏实体资源和网络虚拟资源），以用户需求为驱动，专注于知识内容，为用户提供增值服务，助力用户找到或形成问题解决方案。这种服务具备个性化、专业化、决策性、整合性和全球化等特征，主要表现为单向或多向的主动型服务。

（六）智慧型服务

智慧服务是在知识服务基础上建立的一种服务形态，它运用创造性智慧对知识进行搜集、组织、分析、整合，创造全新的知识增值产品，以支持用户的知识应用和知识创新，并将知识转化为生产力。作为图书馆服务发展的新兴形态，智慧服务与其他形态有所不同，具备全新的服务理念，同时具有创新发展和可持续发展的特点。

通过对互联网的数字编码进行主动感知，智慧服务能感知对象并对其进行知识描述，实现某一领域信息的文献与读者、馆员等信息个体的智能互联，抵制信息碎片化。在智慧服务中，前台的读者与后台的馆员能够实现智能互联。此外，智慧型服务还可以通过虚拟化实际工作，例如通过情景感知推送用户感兴趣的资料，或者通过传感设备提供三维立体地图指引和自助借还等服务，以期实现全社会的感知。

在智慧服务环境中，由于多种网络渠道和通信工具的使用，信息呈现泛在且立体互联。这种互联可以是图书馆与个体的连接，例如座位信息管理系统；也可以是个体与个体之间的连接，或者书籍之间的连接。在智慧服务中，物联网技术被用于感知层的自动组网，汇聚和转换各种数据，实现对不同领域、部门、行业，甚至跨越区域和国界的泛在深度互联。

智慧服务的管理对象主要包括馆内文献资源和用户。因此，智慧化服务的具体表现可分为两方面：一是处理借阅、打印、扫描馆藏资源，以及支付图书逾期款、座位预约等事务，同时也包括对图书馆建筑中的灯光、温度、湿度、电梯、门和安保摄像头等物理环境及日常维护的管理；二是对用户的管理，包括对用户个人借阅信息的智能化分析和用户行为的跟踪，旨在提供深层次的个性化服务。智慧服务通过广泛、立体的感知和互联，不仅实现了馆内物物相联、物人相连，为深层次的智慧管理和服务提供了支持，同时也提高了管理的效率。

相对于传统服务，智慧服务融入了更多技术，但仍然坚持"以人为本"的理念。因此，其功能特点的实现仍以提供人性化的服务为目标。与以往服务的不同之处在于，智慧服务能够主动感知用户的需求，为其提供个性化的智慧服务。同时，智能化的馆舍通过对温度、亮度、湿度等方面的严格而精准的调控，为读者创造一个舒适的环境。

近年来，泛在图书馆理论和应用的思想在国内外图书馆界备受关注，成为专家学者们研究的焦点。泛在图书馆为数字图书馆提供了新的内涵和定义，泛在知识环境引起了数字图书馆服务环境和用户需求的变革，同时也改变了数字图书馆的研究方向。泛在图书馆的目标是构建一个多语种、多媒体、多格式、多形态、移动的、语义的数字图书馆知识网络，以检索人类知识，使信息服务更加实质性地演变为知识服务。

第二节　图书馆服务的特点和内容

一、图书馆服务的特点

随着社会和科技水平的不断提升，以及计算机和网络的广泛普及，图书馆的服务也呈现出新的特点，主要体现在以下几个方面。

（一）服务虚拟化

随着现代信息网络技术的广泛应用，建立在虚拟馆藏资源和虚拟信息系统机制上的新型信息服务模式逐渐形成。这种虚拟化的服务彻底改变了以文献信息资源为主线的传统图书馆服务模式。图书馆的服务一直处于一个动态和虚拟的信息环境中。通过网络传输，图书馆可以利用自有或自建的数字化馆藏资源，同时还可以利用电子邮件资源、网络新闻资源、FTP 资源、WWW 资源、Gopher 资源等多种互联网资源。这种无形的、即时的虚拟化信息服务突破了时空限制，使得图书馆能够为读者提供无所不在的信息服务。因此，服务虚拟化包括服务资源的虚拟化（即信息资源的数字化、虚拟化）和服务方式的虚拟化（即由面对面的阵地服务转变为面向虚拟读者、虚拟环境的服务）。其实质是图书馆由向具体人群提供实体文献服务，转变为向非具体化读者提供虚拟的数字服务。

（二）文献多样化

随着数字资源的急剧增长，图书馆为读者服务的文献信息资源已呈现出印刷型文献与联机数据库、电子出版物、网络化信息资源并重的格局。信息载体多样化的发展打破了纸质文献一统天下的格局，也改变着读者利用文献的习惯与观念。读者对信息载体的需求已不再局限于印刷型文献，单一的纸质文献及其传递方式已不能满足读者多元化的信息需求，读者的信息需求越来越多地转向各种类型的数字资源。同时，大量涌现的数字视频信息资源也为人们获取丰富的多媒体信息创造了条件。因此，文献多样化使得图书馆在文献保存、信息交流和教育的基础上，极大地拓展了服务空间，信息服务保障能力得到了极大提升。

（三）信息共享化

由于网络及各种信息技术的广泛应用，图书馆信息服务的理念发生了重大变革。人们逐渐从习惯于在熟悉的单一图书馆获取信息服务，转向依赖图书馆联盟以及基于共享技术整合的泛在云图书馆来获取信息资源。现代图书馆不再是孤立存在的信息实体，而是社会信息网络的各个节点。图书馆之间的信息共享服务有了更大的空间和自由，其交互需求与作用也逐渐增大。共享思想和共享技术使得信息资源共享服务成为现代图书馆服务中不可或缺的有机组成部分，从而真正实现了信息资源共享的重要特征。

（四）需求个性化

随着经济社会的不断发展，对信息的需求日益深广，读者对个性化服务的需求也日益凸显。图书馆通过提升专业馆员素质、广泛应用现代信息技术以及快速提升信息综合保障能力，成功实现了向读者提供定制化、自助性、全天候的个性化服务。这已经成为现代图书馆读者服务工作发展的主要方向。在这一服务过程中，读者的自主性得到了充分发挥，个性需求也得到了有效满足。这种个性化服务正在逐渐成为图书馆界追求的全新服务理念。

（五）交流互动化

图书馆借助网络和通信技术与读者建立了高效便捷的交流关系。这一互动关系的优势在于，一方面，图书馆能够及时准确地了解读者的信息需求动态；另一方面，读者也可以方便地向图书馆传达具体的信息需求。图书馆通过有目的地搜索、过滤、加工和整理来满足读者的信息需求，形成相应的信息集合，并通过多种途径和形式主动发送到用户终端。这样的服务模式使得读者能够在足不出户的情况下直接、快捷地获取所需信息，降低了操作的盲目性。同时，读者还可以通过信息共享空间等途径将个人文献资源上传，为其他读者和图书馆提供共享，构建了通畅的双向互动交流机制。

（六）服务多元化

图书馆采用计算机技术、远程通信技术和网络信息处理技术构建的网络服务平台，根本改变了图书馆的信息资源管理和服务调度方式。这使得读者能够在网络环境下方便地根据个体客观需求集中获取所需信息。在这一网络环境中，各类信息获取方式被整合为一体，实现了信息交流、查询、获取、阅读和发布的一站式集成服务。在空间上，用户不仅可以在图书馆享受优越的读者服务，还能够通过在家或其他任何有网络的地方注册并访问图书馆网页，消除了空间限制。在时间上，读者可以通过有线或无线网络在任何时候访问图书馆，同时检索和借阅多家图书馆的资源，通过搜索和筛选获取最需要和合适的信息资源，实现了多元化、立体化、全天候的图书馆服务特征。

二、图书馆服务的内容

在图书馆的各项业务工作中，围绕服务形成了一个内容丰富的完整工作体系，主要包括以下五个方面。

（一）研究读者

研究读者是图书馆服务工作的关键内容和前提条件，主要涉及对读者的文献需求和阅读规律的深入调查。作为图书馆的基本组成要素之一，读者是维系图书馆存在的核心。研究读者的文献信息需求和阅读规律直接反映了社会对知识的需求，这是图书馆运作的基础，也是各项工作的起点和目标。

深入进行读者研究有助于全面理解读者需求的特点和规律，提高图书馆服务的精准性。通过正确引导读者动机，不断改善和扩展图书馆服务的领域和方式，进一步提升服务的质量和水平。这样的研究有助于确保图书馆服务与读者需求紧密契合，更好地满足用户的期望。

1.读者的文献需求研究

研究读者的文献需求即对不同层次读者在阅读需求、阅读目的和阅读过程中的特点及规律进行深入调查。一般而言，不同层次的读者对信息资源的需求存在差异不同时期读者对信息资源的需求也不同，其阅读目的也并非完全一致。此外，现代图书馆应特别关注不同类型文献的需求差异、不同获取信息渠道的差异以及在不同信息环境下读者的文献需求差异。这些研究可有助于更准确地满足读者的信息需求，提高图书馆服务的精准性。

2.读者的阅读规律研究

对这方面的研究可以从两个主要方面入手。首先，通过对读者的心理和行为规律进行深入研究，即探讨读者在鉴别、提取、利用信息的过程中的行为习惯和阅读规律。这一方面的研究不仅包括了阅读动机、阅读兴趣、阅读能力和阅读习惯的调查，还包括了对读者选择文献和获取文献的行为的分析，以及对读者使用各类型信息资源的特点和阅读效果的评估等内容。其次，需要深入研究读者的信息素养和信息意识，包括社会发展与变化对读者文献需求意识的影响，以及社会环境与读者需求结构之间的关系等方面。通过这两个方面的研究，可以更全面、深入地了解读者的需求和行为，为图书馆提供更有针对性的服务。

（二）组织读者

组织读者是图书馆为实现服务和管理目标而采取的一系列管理措施。其核心任务包括对读者队伍的组织与发展，其中具体包括确定服务范围和服务重点、制定读者发展规划和计划、定期发展和登记读者、划分读者类型、掌握读者动态以及组织和调整读者队伍等方面。通过这些措施，图书馆能够更好地适应读者的需求，提高服务的精准度和效率。

组织读者的过程应根据图书馆的任务和环境的变化不断进行研究和调整。只有深入研究并理解读者的变化规律，掌握他们的需求，图书馆的服务才能不断适应读者的需求。这种对读者需求的深刻理解和持续调查，使得图书馆的服务和管理方式能够与读者的需求同步变革，从而找到提高服务和管理水平的有效方法和途径。

发展读者队伍是组织读者工作的关键内容。拥有庞大的读者群体是图书馆一切工作的基础。只有建立广泛而稳定的大量读者群体，图书馆的资源建设和服务管理才能有明确的目标。通过提供大量高水平的服务，图书馆才能实现其在社会中的价值。

不同类型的图书馆在发展读者方面有着显著的差异。高校图书馆作为为本校服务的信息机构，其读者主要由本校的师生员工组成，读者的确定和发展通常通过读者账户注册实现。学校的教职员工只需进行简单的读者登记，图书馆即可发放标明其基本身份信息的借阅证，使其成为正式读者。与高校图书馆相似，研究单位、机构等图书馆的读者发展方式也大致相同。而公共图书馆服务于某个行政区域内的所有公众，因此其服务对象广泛，读者的构成较为复杂。在有服务需求的个人或团体向图书馆提出注册请求的基础上，公共图书馆会根据办馆的方针、任务、规模、条件以及读者的阅读需求等，确定是否授予申请者享受本图书馆的权限。只有符合本馆读者发展条件的申请者才能通过注册成为正式读者。

由于读者的文化层次、信息需求、年龄、职业以及工作任务等因素的差异，不同类型的读者对图书馆服务的期望和要求存在显著的差异。鉴于图书馆的有限资源，包括人员、环境、经费等，以及不同类型图书馆的不同任务，为实现更有效的服务，图书馆需要在深入研究读者的基础上，通过制定不同类别读者使用图书馆的权限规则，建立读者管理系统的身份认证与权限管理，将庞大的读者群体划分为在某些方面具有需求共性和使用行为共性的读者群体。通过这种差别化服务的方式，图书馆可以在提供广泛服务的同时，更好地满足不同需求的读者群体。

图书馆通常通过读者注册与身份认证管理系统固化读者发展、细分和管理的成果。这不仅是了解读者和研究读者的重要信息，也是进行各项工作的基础数据，对于评价图书馆绩效、制定发展规划以及进行服务与管理改革具有重要的基础性作用。

（三）组织服务

在深入研究和准确掌握读者需求的基础上，通过充分利用图书馆的各种资源，组织开展多层次、多角度的全方位服务是图书馆服务工作的核心环节。这不仅是图书馆实现社会价值和最终服务目标的重要手段，也是最大限度满足读者文献信息需求的关键方式。

图书馆服务是各项工作的外在表现，也是最具活力和创造性的部分。组织服务工作的核心内容包括优化服务方式、拓展服务范围、丰富服务内容以及提升服务水平。服务方式的选择和服务内容的增加都受到图书馆性质、规模以及读者需求的影响。这些方面的工作需要随着图书馆的发展和读者需求的变化而灵活调整。

传统服务方式是基于读者的实际需求，充分利用馆藏资源、馆舍设备和环境条件，有区分地提供各项服务，包括文献查询、外借、阅览、复制、咨询、检索、定题、编译、报道、展览、情报等服务。鉴于读者需求的广泛、多样和复杂特点，几乎所有图书馆都根据自身特色，建立了多类型、多级别的服务体系，以有效满足各类读者在不同层次上对文献的需求，解决学习、研究和工作中的各种具体问题。

随着网络的广泛普及和计算机技术在图书馆中的广泛应用，现代图书馆服务正转向数字化方向。充分利用网络为读者提供服务已成为现代图书馆的主要方向。这类服务包括资源检索、全文浏览、文献下载、自助借阅、虚拟参考咨询、在线读者调查、资源导航、特色数据库、移动阅读、用户文件上传与共享、个人学习空间、用户意见征集与实时交流等。

综合而言，图书馆服务的组织需要考虑本馆的具体情况和社会发展水平，并以最少的投入在最短的时间内，为最多的读者提供最优质的信息资源为总体目标。

（四）宣传辅导

读者宣传辅导工作是图书馆教育职能的具体表现，涵盖读者宣传、读者辅导和读者培训三个方面。

1.读者宣传

读者宣传是图书馆对读者科学管理的基本手段之一。其宗旨在于充分了解和研究读者的阅读需求，主动向读者介绍、推荐信息资源的形式和内容。通过多种形式传达先进思想、科学知识、职业技术和广泛的文化信息，确保读者迅速获取最关切、最需要的信息。通过各种宣传形式吸引读者积极利用图书馆的各项资源和服务，以最大程度促进图书馆资源的有效利用。

2.读者辅导

读者辅导是根据不同读者的具体情况，差异化地为其解答疑惑、解决问题的过程。进行读者辅导需要图书馆员充分了解信息资源的特点，熟悉图书馆各项服务流程，并深入了解读者的行为习惯和信息需求心理。在读者利用图书馆服务的过程中，积极引导他们正确选择阅读范围，帮助他们学习如何利用图书馆的各项服务，有目的地为每位读者提供帮助和信息技能指导。通过差异化服务，促进读者更好地获取知识，提高阅读能力和阅读效果。

3.读者培训

读者培训通过多种方式，如讲座、参观和课堂教学，致力于帮助各类读者提高对图书馆及其资源的使用技能，以提高图书馆资源的有效利用率。这一培训注重两个主要方面：首先，培养读者的情报意识，激发他们对图书馆的兴趣，使其自觉认识到图书馆是终身学习的关键场所；其次，提高读者利用图书馆和检索信息的技能，协助他们掌握有效的图书馆资源利用方法。通过这一培训方式，图书馆能够更好地发挥其教育和情报职能，吸引更多读者积极探索和利用图书馆资源。

（五）服务管理

服务管理是对图书馆读者工作进行科学组织和管理的重要措施，包括读者服务对象、服务人员以及服务设施的全面管理。具体而言，服务管理涵盖了制定读者发展政策和计划、服务机构和岗位设置、人员配置、明确责任、规章制度的建立、人员分工和流程设计的优化、合理组织藏书、改进服务手段、引入先进设备和技术手段、完善服务体制等多个方面。通过服务管理，图书馆为读者创造了良好的环境和条件，使其更便利地利用图书馆资源，从而确保图书馆服务工作能够健康有序地向前发展。

这五个方面的内容相互关联、相互影响，缺一不可。在这中间，组织与研究读者是展开所有读者服务工作的前提和基础；科学组织各项服务工作则构建了分层次、完整体系、灵活多样、充满生机的读者服务工作框架，这是实现读者服务工作目标、体现图书馆社会价值的关键保障；组织宣传辅导活动，推动有效的读者教育则是提升读者素质、增强信息能力，从而提高读者服务工作效果的重要途径；而强化图书馆服务管理，则是实现顺利开展读者服务工作、有效完成上述任务的关键机制和组织保障。这五个方面共同作用，共同促使图书馆的读者服务工作全面发展。

第三节　图书馆服务的原则

图书馆服务具有特定的原则和内涵，其核心是最大限度地满足读者的信息需求。以"读者第一、服务至上"为宗旨，图书馆服务工作遵循以下原则。

一、以人为本的原则

以人为本是图书馆服务的首要原则，它强调以满足读者需求为核心，以积极的服务态度和认真的服务精神通过各种措施，为读者获取和利用图书馆信息资源提供便利。这一原则体现了"一切为了读者"的服务思想，将服务贯穿于所有文献、人员和工作之中。以人为本主要在以下几个方面得到体现。

（一）从方便读者出发

本质上，减少对读者的限制是方便读者的重要方面。围绕图书馆服务所建立的规章制度和管理办法旨在维护大多数读者的利益，不应成为读者利用图书馆的障碍。然而，在实际工作中，图书馆有时会以方便管理为出发点，制定一些限制读者、限制使用的管理措施，可能给读者带来不便。图书馆应及时根据客观情况调整和完善规章制度，协调图书馆、工作人员、读者三方面的关系，确保在方便读者的同时，建立在科学管理的基础上，真正使图书馆的服务与管理体系以保护大多数读者的利益为出发点，保证服务有序发展。

（二）建立科学合理的馆藏组织与揭示体系

随着时间的推移，图书馆的馆藏逐渐增多，内容和形式变得更为复杂。只有通过科学的组织与布局，并利用多功能的目录检索体系引导读者查找文献，才能使各类型读者方便、及时地获取所需文献资源，同时有助于工作人员的管理，提高服务效率和服务质量。在图书馆资源组织过程中，一方面需要全面收集和充分揭示文献信息资源，另一方面要根据读者需求进行资源组织。为了方便读者进行快速、精准的检索，图书馆应采用科学方法将馆藏文献、网络文献以及可共享的各类文献组织成有序的资源体系，建立合理的布局，并通过统一的一站式目录体系全面展示和引导。

（三）建立协调统一的服务体系

在当代图书馆中，服务和管理已经广泛实现了网络化和自动化，显著缩短了读者查找和获取信息资源的时间，为读者在利用图书馆方面提供了便利。图书馆应当充分利用现代管理手段，建立科学而合理的服务体系，主动采取多种服务方式，以更好地为读者提供服务，彰显以人为本的服务原则。

二、平等原则

平等原则是图书馆信息服务最基本的原则，是现代图书馆服务的基本方向，它主要体现在两个方面：

（一）平等享有权利

平等原则意味着无贵贱之分、无高低身份之别、无特权规定。在图书馆界，"图书馆面前人人平等"是一种"人权宣言"。《公共图书馆宣言》（1972年）明确表示："公共图书馆的大门需向社会上所有成员开放。"而1994年国际图书馆协会与机构联合会（简称"国际图联"）起草的修订版《联合国教科文组织公共图书馆宣言》指出："每一个人都有平等享受公共图书馆服务的权利，而不受年龄、种族、性别、宗教信仰、国籍、语言或社会地位的限制，向所有的人提供平等服务。"平等原则的核心在于图书馆要尊重和关爱每一位用户，坚决维护他们的合法权益。用户的合法权益包括平等获取用户资格的权利、平等享有阅读权利、平等享有个人人格和隐私不受侵犯的权利、平等提出咨询问题的权利、平等参与和监督图书馆管理的权利、平等遵守图书馆规章制度的权利和义务、平等提出合理建议的权利、平等享有接受辅助性服务的权利、平等对图书馆工作进行评价的权利、平等在合法权益受到侵犯时提出改进、赔礼或诉讼的权利。图书馆以传播文献信息资源保障公众"认识权利"，并将"读者的权利不可侵犯"作为职业信念。

（二）平等享有机会

平等享有机会即图书馆应确保用户平等利用图书馆的权利，并为所有用户提供平等的利用机会，禁止任何形式的歧视。1994 年国际图联修订版的《联合国教科文组织公共图书馆宣言》也明确指出："必须向由于各种原因不能正常利用服务和资料的人，如语言上处于少数的人、残障人、住院病人及在押犯人等提供特殊的服务和资料。"该宣言明确表示，图书馆服务的平等不仅包括形式上的平等，更需要实质上的平等，特别关注为弱势群体提供特殊服务，如阅读能力较低的人、残障人、犯人或不擅长使用现代信息技术的用户。这样的服务措施旨在弥补用户之间的客观能力差异，确保社会中的弱势群体能够充分利用图书馆享受信息资源的权利。

可以说，平等原则的实施是对人文关怀的真正体现。贯彻平等原则意味着使信息资源尽量贴近用户，方便他们的使用；提供相对宽松和自由的利用环境，消除用户在图书馆利用过程中的各种障碍，确保信息资源的占有和利用是平等的；尊重用户的自主查询和利用各种信息资源的权利，坚持守密原则，不进行思想监控，不窥探用户的个人隐私，全力满足他们个性化的信息需求。这些措施旨在创造一个公正、平等、自由的图书馆环境，真正关心并服务好每一位用户。

三、开放原则

开放原则是图书馆服务的基石，是适应时代发展的必然趋势，也是现代图书馆服务的核心特征。开放原则包含资源、时间、人员和管理等多个方面的全面开放。首先，图书馆应将所有馆藏资源、设施和人力资源向用户全面开放。通过实施开架借阅、图书宣传和完善检索体系等手段，将馆藏充分揭示，使所有文献资源对读者开放并得到最大程度的利用。馆际间还应推动资源共享，实现开放原则在不同图书馆之间的应用。其次，为了最大程度延长读者利用图书馆的时间，图书馆应力求实现节假日不闭馆，以保障开馆时间的连续性和完整性。对虚拟图书馆来说，服务时间更应提供 7×24 小时。再次，图书馆要向所有人开放，不受国籍、种族、年龄、地位等限制。作为社会文化教育中心和人们相互交流、休闲娱乐的场所，每个人都应享有图书馆利用的权利。最后，为实现用户参与管理和决策，图书馆应设立机制，如成立"用户监督委员会"等非常设机构，设立"馆长信箱""读者意见箱"等，积极听取用户对服务的建议和意见，接受用户的监督。在可能的情况下，图书馆还应让读者直接参与决策过程，将反馈结果向全体用户公开，以促进服务工作的不断改进。用户的评价应受到图书馆的高度重视，通过查找差距和改进工作，推动图书馆服务的不断提升。

四、方便原则

提供方便服务是图书馆追求的目标，也是其功能发挥的关键。方便原则代表了现代图书馆服务的内在品质，是业务目标和工作努力的指导方向。用户在选择和利用信息时，通常更注重信息的可获得性和易用性，而这两者往往超过信息本身的价值。因此，图书馆在进行信息服务时应致力于为用户提供最大便利，以促进用户对文献的获取和使用，创造良好的文献与人的互动关系。为实现这一目标，图书馆可采取多种措施，如开设开架借阅，拉近读者与资源的距离；确保文献标引准确规范，排架合理，方便读者接近和利用实体馆藏；提供一站式资源检索，力争一次检索即得到所需信息；采用大开间、灵活隔断的开放式建筑格局；设计简明易认的导引标识；设计友好的人机交互界面；减少读者寻找书刊、排队等候、楼层往返的无效劳动，提高效率；推行信息检索与参考咨询的网络化；设计无障碍、人性化的服务设施；提供灵活多样的服务方式；简化办证手续，扩大读者范围；保障开馆时间；推行自助借还、送书上门服务等。总体而言，图书馆应从细节入手，千方百计为用户提供方便，使用户感受到便利无处不在。

五、满意服务原则

用户满意服务是图书馆服务的核心原则，也是评价服务质量的最终标准。用户对服务的满意程度反映了他们对图书馆文献资源、工作人员、服务方式和环境设施等各方面的预期与实际体验的对比。采用现代企业管理的 CS（Customer Satisfaction）理论来看，图书馆的满意服务原则可分为服务理念的满意、服务行为的满意和服务视觉的满意三个方面。服务理念的满意关注图书馆的办馆宗旨和管理策略所带给用户的心理满足感。服务行为的满意涉及图书馆各项业务建设、制度规章、服务项目、态度、能力和效果等方面，是图书馆理念满意的外在表现。服务视觉的满意包括对图书馆环境、氛围、设施设备性能以及工作人员职业形象的满意。这种原则要求图书馆在坚持"一切为了读者"的基础上，通过多种渠道和措施，满足用户多层次、多形式的需求。同时，需要建立不同层次的评价指标，从多个角度全面评估用户满意度，以不断改进图书馆的服务工作。

六、特色服务原则

图书馆因工作性质、任务、服务对象和地域差异，表现出各自独特的内容或风格，呈现不同的特色。特色服务以特色信息资源为基础，是专业性、专题性或专指性的服务，针对性地满足特定用户的特殊需求。当前网络信息资源丰富，用户需求更趋向微观化和个性化，追求个性化、特色化、专业化的文献信息。因此，信息服务需要有针对性和特色性，多层次、多角度地满足用户需求。在竞争激烈的信息机构中，图书馆要生存和发展，必须具备独特特色，树立品牌特色服务，以吸引更多用户并取得更好的发展。

七、创新服务原则

阮冈纳赞的《图书馆学五定律》中的第五定律指出了"图书馆是一个生长着的有机体"，强调了图书馆的不断增长与变化。在这种变化与创新中，图书馆应树立创新意识，确立主动化、优质化、品牌化、专业化的服务理念。具体体现在服务中，就是要主动贴近用户，为用户提供方便；注重服务质量，满足用户求新、求快、求便捷的心理；通过特色馆藏、服务、活动、环境等凸显本馆服务特色，建立图书馆特有的品牌服务；建立严格的业务规范，突显图书馆服务的专业化。其次，创新服务内容，从文献提供服务向知识提供服务转变；加强参考咨询特别是网上虚拟参考服务；增加网上信息导航；开展个性化信息服务；利用各种资源，推动各种读者活动。再次，创新服务方法，改变馆藏文献借阅服务模式，利用网络平台提供多种数据库服务、知识库服务，推动各种在线或离线信息服务、主动推送服务、虚拟参考咨询服务、网络呼叫、智能代理服务等。

八、资源共享原则

随着社会的进步和科技的快速发展，文献数量急剧增加，各种信息不断涌现。在这样的环境下，图书馆面对有限的经费和资源，没有必要全面搜集和存储所有信息。然而，随着用户信息需求的不断增长，图书馆需要树立资源共享的理念，采取资源共享的方式，从"一馆之藏"向"多馆之藏"转变。这样做可以减轻单个图书馆的负担，既最大程度满足用户对知识和信息的需求，又发挥馆藏文献信息资源的充分作用。资源共享有助于推动人类知识的传承和发展，实现整个人类社会的共同进步。因此，不同系统和级别的图书馆应积极加强联合和合作，促进信息资源的共知、共建、共享，提升图书馆在社会中的地位，发挥其作为知识宝库的重要作用。

第四节 图书馆服务的发展趋势

一、图书馆服务的发展

图书馆服务是读者工作或用户服务的演进，超越了传统的读者工作或用户服务的概念。它旨在满足读者和社会的需求，通过充分利用图书馆的文献信息和其他资源，实现图书馆的整体使用价值。这一概念包含三个关键要素：服务对象，即读者和社会；服务内容，即利用图书馆资源；服务目标，即实现图书馆的使用价值。图书馆服务的范围是建立在这些要素的基础上，并且随着时间的推移而不断演变和发展。可以从多个角度对图书馆服务的内涵进行分析。

从服务对象的角度来看，图书馆服务包括读者服务、用户服务和社会服务。

读者服务关联着读者的概念和阅读行为，其基础建立在文献、阅读设备和阅读空间之上。用户服务则打破了过去仅通过借阅证来判断读者身份的限制。尤其在网络环境下，图书馆服务通过在线资源、网站点击等方式为用户提供实际意义的服务。而社会服务则致力于扩展图书馆的社会教育职能，提升公民素质，以满足社会的多元需求。

在服务资源的层面上，图书馆服务可划分为文献服务、信息服务和知识服务。

文献服务以图书馆的基本资源为基础，提供多种服务，如期刊服务、专利服务、学位论文服务等。信息服务则在文献服务基础上更进一步，主要借助信息技术和信息资源，例如 OPAC、数据库检索、信息咨询等。至于知识服务，它代表了更高水平的服务，是通过应用知识和智慧来实施的，如学科馆员服务、查新服务等。

就服务手段而言，图书馆服务涵盖了手工服务、计算机辅助服务、数字图书馆服务等多种形式。随着"My Library"等个人图书馆服务的兴起，自助服务和自我服务逐渐成为一种趋势。技术的不断发展促使服务形式和功能不断拓展，新型服务层出不穷，以与时代同步发展。

从服务历史的角度来看，图书馆服务可分为传统图书馆服务和现代图书馆服务两个阶段。

传统图书馆服务主要以馆藏文献为支持，以借阅活动为核心，主要面向有限的读者群体。相较之下，现代图书馆服务以图书馆资源为支持，以文献信息服务为核心，更广泛地服务于各类用户。传统图书馆服务更侧重于有形的服务，以图书馆建筑为中心；而现代图书馆服务则强调知识资源，融合了物理空间和虚拟空间，形成了一种复合型的服务模式。

二、图书馆服务的发展规律

依据图书馆服务的构成要素和图书馆的历史演变来看，图书馆服务具有以下发展规律：

（一）服务对象扩展

图书馆服务对象的范围经历了从严格限制到逐步开放的演变过程。在我国，新中国成立前由于开放的图书馆数量和藏书有限，再加上当时广大工农群众中存在大量文盲，图书馆实际上只能服务于极少数达官贵人和有文化的人，形成了严格的"精英服务"模式。随着新中国成立后的扫盲运动和教育普及，广大人民群众的科学文化水平逐步提高，图书馆服务对象也逐渐扩展到全民族的各个阶层。然而，在 20 世纪 80 年代后期之前，服务对象仍受到地域和身份等方面的限制，读者需携带特定证件进馆，申请借书证时必须提供单位证明或本地户口。到了 20 世纪 90 年代，随着人们对文献信息需求的增长以及图书馆事业的发展，尤其是公共图书馆事业的兴起，公共图书馆已向全社会敞开大门，服务对象不再受到地域和身份的限制。如今，许多图书馆已实现对所有居民的免费开放，无需证件即可阅览书刊，而办理借书证只需提供身份证，不论本地居民还是外来劳务工都能自由借阅图书馆的各类资料。

（二）服务内容增加

由于人类对信息的需求不断扩大，图书馆的服务内容也相应增多。在古代，图书馆主要为皇朝政事提供参考和为公私著述提供资料；近代图书馆则以阅览服务为主。而在现代，图书馆的服务已不仅包括传统的借阅服务、参考咨询、文献情报检索等，还扩展到了网络服务领域。这包括全文检索、多媒体检索服务、网络检索服务、网络咨询服务、查新咨询服务、休闲娱乐服务等。图书馆不仅提供传统印刷型文献资料，还提供数字化的文献信息。服务功能的多样化使得图书馆不再仅是文献收藏中心，同时成为社会教育基地、信息传播中心以及民众休闲娱乐的重要场所。

（三）服务手段提高

在 20 世纪 60 年代之前，图书馆的运作主要依赖手工操作，导致服务效率较低。然而，随着 20 世纪 70 年代计算机技术的引入，图书馆内部管理逐步实现自动化，服务效率显著提高。机读目录的引入为用户提供了更多检索途径，而流通自动化简化了用户的借阅手续。至 20 世纪 90 年代后，随着互联网技术的快速发展，图书馆服务进入了网络化阶段。通过互联网，用户可以方便地远程享受图书馆服务，阅读数字化的文献资料，并下载所需信息。图书馆通过互联网建立虚拟馆藏，共享其他信息机构的资源，为用户提供更广泛的信息服务。

（四）服务方式进化

随着社会的不断进步，人类对信息的需求不断增加，图书馆的服务方式也发生了巨大变革。在古代，由于馆藏信息资源受限，图书馆主要提供室内阅览服务。随着近代图书馆馆藏文献数量的显著增加，人类对文献的需求变得更加大众化，因此，图书馆除了室内阅览服务外，还引入了闭架式外借服务。而到了现代，随着科技的飞速发展，文献信息资源急剧增长，人们的信息需求也变得越来越多样化。封闭式服务逐渐不能满足用户需求，图书馆逐步实现了开放式服务，实现了借阅、藏书、阅览的一体化，极大方便了用户利用文献信息资源，提高了资源的利用率。随着互联网的普及，图书馆服务不再局限于馆内，通过互联网提供网上阅读、全文信息传输等多种服务，以满足社会大众对文献信息的及时需求。与此同时，图书馆服务也逐渐从单一的文献信息提供者演变为提供多功能、多形式社会化服务的机构。

第二章　图书馆读者服务体系

第一节　图书馆的信息资源体系

一、信息资源体系

（一）信息资源体系的内涵

信息资源体系是指一种由信息资源各要素相互联系、相互作用而形成的有机系统，具有特定功能。它包括了在一定范围内通过布局、搜集、整理、保存并提供利用的所有信息资源的集合。面向用户的资源与服务整合则是在满足一定需要的基础上，对各相对独立的信息资源系统中的数据对象、功能结构进行融合、类聚和重组，创造一个新的有机整体，以形成效率更高的信息资源体系，确保信息资源得到更好的利用。这涵盖了三个关键方面：首先是有机融合内部和外部信息资源；其次是构建高效和合理的信息资源体系；最后是实现整体信息资源的利用价值。为了加强信息资源体系建设，应着手于两个主要方面：一方面要确保各图书馆每年都能入藏一定数量的具有特色的信息资源；另一方面，通过整体建设信息资源，建立能够在一定范围内有效满足社会信息需求的信息资源系统，即信息资源保障体系。

（二）信息资源体系规划

信息资源体系规划是根据信息资源体系的功能需求，设计体系的微观和宏观结构。在微观层面，每个图书馆需要根据其性质、任务和读者需求确定信息资源建设原则、资源收集范围、重点和采集标准，并提出本馆信息资源的基本模式。在此基础上，制定信息资源建设计划，安排各类型信息资源的数量、比例和层次级别，形成有内在联系和特定功能的信息资源结构，构建有重点和特色的专门化信息资源体系。微观规划在时间上表现为短期规划，包括年度计划、季度计划等，是信息资源建设的具体实施计划。

宏观层面的信息资源体系规划是从整体出发，对信息资源建设进行统筹规划、合理布局，制定各类型图书馆和信息机构之间在信息资源的收集、组织、储存、书目报导、传递利用等方面的协调与合作规划。这有助于形成相互依存、相互联系的整体化、综合化的信息资源体系。宏观规划通常受到政治、经济、文化等多方面因素以及各馆已形成的馆藏体系、服务对象等的影响。宏观规划分为总体规划和长期规划。总体规划指一个图书馆对本馆信息资源建设的总方向、指导思想、最终目标等的构想与规定，解决信息资源建设中带有根本性、全局性和长远性的大问题。长期规划则包括三年规划、五年规划等，主要用于确定规划期内信息资源建设的发展目标、任务、途径和结果。

二、信息资源建设

（一）信息资源建设的定义

目前，学术界对信息资源建设概念的理解还不完全一致，主要有以下两种理解。

1.情报学界对信息资源建设概念的理解

在图书馆领域提出文献资源和文献资源建设概念之前，情报学界已开始探讨信息资源和信息资源建设的相关问题。随着 20 世纪 80 年代中期国外信息资源管理理论进入国内，我国正式与国际互联网接轨，信息资源建设成为了情报学理论界和信息机构工作的研究重点。

1995 年 3 月 21 日，国家计委、原国家科委与国家信息中心联合发布了《关于进行全国信息资源调查的通知》，旨在对全国数据库和电子信息网络资源进行调查。随后，1997 年 1 月 28 日，原国家科委又发布了《国家科委关于加强信息资源建设的若干意见》文件，明确将数据库建设确定为信息资源建设的重要方向。从这些文件中可见，情报学界所提到的信息资源建设主要涉及网络信息资源建设，即数据库的建设。

2.图书馆界对信息资源建设概念的理解

图书馆领域普遍认为，信息资源是人类通过采集、开发和组织而形成的各种媒体信息的有机集合。简而言之，信息资源包括传统的纸质文献信息资源和数字信息资源。信息资源建设是指图书馆根据其性质、任务和用户需求，有计划地、系统地规划、选择、收集和组织各类信息资源，以构建具有特定功能的信息资源体系的整个过程和相关活动。

当前，信息资源建设已成为图书馆界、情报界以及其他信息工作领域广泛采纳和使用的概念。相较于文献资源建设，信息资源建设的内涵和外延更为广泛。因此，应该整合情报学界和图书馆界对信息资源的不同理解，将信息资源建设划分为（传统型）文献信息资源建设和数字信息资源建设两个部分。只有同时包括这两个方面，才能形成一个完整的信息资源建设概念，从而对信息资源建设的涵义进行全面而准确的理解。

（二）信息资源建设的主要内容

信息资源建设是对各种无序状态的信息进行搜集、选择、加工、组织和开发利用等一系列活动的过程，旨在形成可利用的资源体系。其主要研究内容包括如下几个方面。

1.信息资源的体系规划

信息资源体系是指信息资源各要素相互联系、相互作用而形成的有机系统，具有特定功能。信息资源体系规划则是根据其功能要求，设计体系的微观和宏观结构。

在微观层次上，每个具体的图书馆都需根据本馆的性质、任务和读者需求，制定信息资源建设原则、资源收集范围、重点和采集标准。同时，要提出本馆信息资源的基本模式，制定采集政策，安排各类型信息资源的数量、比例和层次级别。这样就能形成具有内在联系和特定功能的信息资源体系，使整个文献信息资源形成重点突出、有特色的多元化信息资源体系。

在宏观层次上，需要与本地区、本系统的文献信息资源建设相协调，与图书情报服务机构进行合作、协调，统筹规划本地区、本系统文献信息资源的收集、组织、贮存、书目报道、传递利用，从而形成相互依存、相互联系的整体化、综合化的信息资源体系。

2.信息资源的选择与采集

基于已确定的信息资源体系基本模式，通过多种途径选择和采集信息资源，建设和充实馆藏是信息资源建设的基础工作。信息资源的选择与采集工作包括以下几个方面：

（1）印刷型文献的选择与采集

根据事先确定的信息资源选择与采集原则、范围、重点、复本标准、书刊比例等，通过各种渠道和方式，收集所需文献，逐步建设并丰富实体馆藏资源。

（2）电子出版物的选择与采集

这里提到的电子出版物是指以实体形式存在、在单机或局域网络中以镜像方式存储和使用，而非通过网络传递的电子信息资源。图书馆在选择和采集电子出版物时，需考虑读者需求、电子出版物质量、与本馆其他出版物的协调互补、电子出版物的成本效益等原则。

（3）网络信息资源的选择与采集

网络信息资源涵盖了付费订购使用的数据库和免费使用的网页信息资源等。网络数据库是图书馆通过签约付费获得的电子信息资源，可以进行远程登录和在线利用。许多国内外数据库生产商或服务提供商已经推出了多种文献数据库，图书馆可以直接购买这些产品或服务，这也是信息资源选择与采集的重要方面。

3.馆藏资源数字化与数据库建设

馆藏资源数字化是信息资源建设中的一个关键方面，特别是在网络环境下。数字化处理使得馆藏文献能够通过网络进行共享。图书馆可借助计算机、大容量存储技术、全文扫描技术和多媒体技术，将馆藏中具有独特价值的印刷型文献转换为扫描版的全文电子文献，并将其制作成光盘或通过网络进行传播。

　　数据库建设是数字信息资源建设的关键领域，对于图书馆而言，它包括书目数据库和特色数据库两个主要方面。书目数据库是发展图书馆信息资源的基础，也是实现网络化和自动化的关键；而特色数据库则集中反映图书馆独有的资源，是展示其个性、提升社会影响力和信息服务竞争力的核心资源。图书馆应根据本系统和地区的社会需求，以及本馆的技术实力和财务状况等条件，有针对性地选择主题，系统地将馆藏资源中的特色文献制作成具有独特特色的文献数据库或专题数据库，并提供在线使用。

　　4.网络信息资源的开发利用

　　因特网中包含丰富的信息资源，图书馆可以通过开发和组织这些资源，将全球范围内分布的网络信息资源整合成自己的虚拟馆藏。这一过程涉及根据用户需求和资源建设需要，搜索、选择、挖掘因特网中的信息资源，并将其下载到本馆或本地网络。随后，通过分类、标引、组织等方式，将这些资源提供给用户使用，或者通过网络链接到图书馆的网页上，例如建立因特网信息资源导航库，以便读者快速检索到感兴趣的有价值的网络信息资源。这种虚拟馆藏对图书馆和各类型信息机构的信息资源建设和信息服务具有重要意义。

　　5.信息资源的组织管理

　　图书馆进行的实体信息资源的组织与管理包括对已入藏的文献信息资源进行加工、整序、布局、排列、清点和保护，以确保信息得到有效利用。同时，对数字化信息资源进行整合，将购买的数据库与自建的数据库有机地集成，对内容进行充分揭示，实现跨库检索，提供"一站式"服务，使用户能够像利用传统文献一样熟悉和利用数字信息资源。

　　6.信息资源共建与共享

　　信息资源的共享是人类社会的崇高理念，也是图书馆努力追求的最高目标。在这个理念的前提下，信息资源的共建成为至关重要的一环。然而，在新的信息环境下，文献信息的急剧增加与图书馆有限的收藏能力之间存在矛盾，用户对信息的广泛而复杂的需求与图书馆满足这些需求的能力之间存在明显的差距。网络环境的出现使信息资源的共建共享变得更为迫切和必要，同时也为这一理念提供了重要的技术支持。

在新的信息环境下，信息资源共建共享的主要内容包括以下几个方面：根据图书馆的类型、性质、任务以及本地区文献信息资源的现状，通过整体规划明确图书馆之间文献信息资源采集的分工协作，以建设相对完备的文献信息资源保障体系为目标；构建完备且便捷的书目查询信息网络，实现网络公共查询、联机合作编目、馆际互借、协调采购等功能，同时建立迅速高效的馆际文献传递系统，以实现文献信息资源的共建共享。

7.信息资源建设的基本理论与方法的研究

信息资源建设是一项错综复杂的系统工程，其成功离不开理论的深刻指导。因此，对信息资源建设基本理论和基本方法的深入研究是至关重要的。这一研究领域主要包括以下方面：信息与信息资源以及各种类型信息资源的形成、特点和发展规律的系统剖析；信息资源建设的原则、政策、方法及其实施的深入探讨；信息资源的采集、加工整理、组织管理的技术手段和业务流程的详尽研究；信息资源的选择与评价理论的构建；数字信息资源建设的技术与方式方法的创新性研究；网络信息资源内容开发与数据库建设的前沿探讨；信息资源共建共享的理论基础、结构模式、运行机制、保障条件的全面分析；信息技术在信息资源建设中应用等方面的新观点、新技术、新方法的全方位研究等。

第二节　图书馆的信息服务体系

图书馆信息服务在网络环境下是指利用现代技术，包括计算机、通信和网络等，进行信息采集、处理、存储、传递以及提供利用等一系列活动。其主要目标是向用户提供所需的分布式异构化数字信息产品和服务，以满足用户解决现实问题的信息需求。具体而言，现代图书馆信息服务涵盖了对数字化多媒体信息，如图像、文本、语音、音响、影像、影视、软件和科学数据等的收集、规范性加工、高质量保存和管理，同时实施知识增值。该服务还包括提供在广域网上跨库链接的数字信息存取服务，以及知识产权存取权限和数据安全管理等方面。在这一背景下，图书馆信息服务体系指的是有关组织、制度和方法，以全面提供利用图书馆信息资源为用户提供信息线索、信息内容和信息服务的整体性结构。

一、图书馆信息服务

（一）图书馆信息服务的特点

图书馆信息服务作为一种高效的网络化、数字化信息服务，是现代信息服务的先进形式，其在服务内容、载体形式、服务模式、服务策略与方式等多个方面都呈现出与传统信息服务有明显区别的特点。这些具体表现如下。

1.服务资源的数字化、虚拟化

信息服务资源数字化是指将信息以计算机可读形式存储，而信息服务资源虚拟化则是指信息资源表现出只有使用权而无所有权的非占有性。现代图书馆的馆藏涵盖了本地实体数字信息资源，其载体形式多样，并且包括大量分布在网络上的虚拟数字信息资源，其特点是数字化收藏和虚拟存储。

2.服务内容的知识性、精品化、多样化

现代图书馆信息服务注重信息资源的开发与利用，其目标不仅是提供信息线索和相关文献，更重要的是直接提供解决实际问题所需的知识。随着电子信息量的急剧增长，用户对信息质量和深度的关注日益提高，不再仅仅关注资料的数量。精品化信息服务应以信息的内在质量为基础，具有"广、快、精、准、新"等特点，以高品质服务满足社会用户的需求。同时，信息服务的内容涵盖多方面，几乎包括所有类型的信息资源，呈现出选择的复杂性和多样性。

3.服务方式多元化、多层次化

现代图书馆构建了一个开放的资源体系，使用户能够通过联网终端在任何地方查找所需信息。图书馆不仅扩大了对文献信息的收集、存储和开发功能，而且通过在网上发布各种文献资源的消息，不断向用户提供需要的信息和知识，以"引导"或"导航"读者。为了满足不同用户的需求，图书馆增设服务项目，推出新的服务产品，其服务方式呈现主动、多元、多层次的特点。

4.信息存取网络化、自由化

互联网的真正价值在于通过网络迅速传递信息资源，实现了信息存取的网络化。网络化传播文献信息已经成为现代图书馆信息传播的主要方式，彻底改变了传统的信息提供和获取方式。通过将分散在不同载体和地理位置的信息资源以数字方式存储，并通过网络连接提供即时利用，实现了真正的信息资源共享。在现代图书馆信息服务系统中，大量经过整合的数字化信息资源不受时间和空间的限制，在开放的空间里流畅、自由地传递。用户可以根据自己的特定需求自由访问适合他们的图书馆信息资源。

5.服务手段网络化

现代图书馆的信息服务与传统的信息服务有所不同。首先，信息机构已经实现网络化，从单体发展为组合，多样化的信息服务机构构成了一个庞大的信息服务网络。其次，信息资源也实现了网络化，由独享逐渐转变为共享。各信息服务机构致力于开发各种专业数据库，并通过网络提供，形成了丰富多样的网络信息资源。第三，信息服务也经历了网络化的转变，从手工服务向网络服务过渡。信息服务人员利用网络信息资源来满足用户资源需求，并鼓励用户参与信息的收集与研究。

6.资源利用共享化

以数字化资源为基础，借助网络技术实现跨越时空的资源共知、共建、共享，是人类实现全球信息共知共享的崇高理想。现代图书馆通过资源共享，各图书馆能够在网络中获取自身无法具备的数字信息，同时也能够将自身拥有的数据信息共享给网络用户，最大程度地避免了资源的重复建设，极大地拓展了信息资源的共有量，进而提高了整个社会的信息获知能力。

7.服务环境开放化

在网络普及之前，图书馆实体建筑的围墙实际上规定了信息服务的范围。而现代图书馆的信息服务环境则由封闭的实体馆舍转变为开放的数字空间。计算机网络将现代图书馆置于广阔的信息空间中，最大程度地拓展了图书馆信息交流与服务的范围，使其真正进入一个共建共享、共同发展的新阶段。

8.服务范围市场化、社会化

在现代社会，图书馆信息服务的服务范围和用户需求变得越来越市场化和社会化。在市场经济和网络社会的背景下，读者利用图书馆不再仅仅是获取书目信息或文献原文，而是寻求全程性、全方位的知识信息。网络技术的发展为读者提供了开放的信息需求环境，推动了读者信息需求社会化的进程，使信息产品成为图书馆在信息社会和市场中立足的标志。为了生存和发展，图书馆必须适应这一趋势，走向信息服务的社会化，以满足广大信息用户的需求。

9.信息检索智能化

现代图书馆采用了智能式人机交互方式进行信息检索，不再依赖传统的关键词和逻辑组合方法。这种以知识为基础的智能检索方法标志着数字图书馆在信息检索方面的重大改革。读者可以通过使用自然语言与系统进行交互，逐步缩小搜索范围，以获取所需的文献资料。这种检索技术的转变使得读者在信息检索过程中更加灵活和高效。

（二）图书馆信息服务的方式

1.公共目录查询服务

目前，许多图书馆都提供了在线或 Web 模式的公共目录查询服务，使读者能够通过网络查询本馆的馆藏书目信息和个人借阅记录。这种服务模式是图书馆实现服务网络化的标志性和基础性方式，也是目前广泛应用的一种网络化服务方式。

2.建立图书馆门户或网站

网站作为图书馆提供各类在线信息服务的基础平台或服务窗口，是网络信息技术在图书馆服务领域的关键应用。目前，要获取某图书馆的各种在线信息服务，通常需要从登录该馆网站开始。

3.一般性读者服务

一般性读者服务主要通过网站提供以下服务内容：

（1）图书馆要闻：在网页醒目位置发布图书馆的最新消息，包括新引进的数据库、提供的新服务等，以帮助读者及时了解服务动态。

（2）图书馆概况：包括图书馆简介、馆藏状况、机构设置等内容，提供全面的图书馆信息。

（3）读者指南：在网站主页提供读者帮助信息，包括开馆时间、馆藏布局、服务项目介绍，以及常用软件工具下载、检索指南等辅助性内容。

（4）读者意见及反馈：通过电子邮件、留言簿、电子公告板（BBS）等方式收集读者意见和反馈，实现互动沟通。

4.数字文献检索服务

此项服务是现代图书馆信息服务的核心内容和基础性服务模式，主要通过可供网上查询的各类数据库来实现。根据数据库的文献信息类型、载体形式、使用方式，可概括为以下几种主要服务方式：

（1）光盘数据库网上检索服务：通过光盘镜像发布软件、WEB 检索接口软件等实现光盘数据库资源的在线检索利用。

（2）网络数据库镜像服务：通过建立网络数据库本地镜像，极大地提高图书馆数字文献的网络检索服务质量。

（3）在线数据库授权检索服务：购买数据库网络使用权，进行网络虚拟资源检索服务，已成为网络环境下文献信息服务的重要组成部分。

（4）自建特色数据库服务：大中型图书馆近年来建立了特色文献数据库，提供在线查询服务。

5.数字化参考咨询服务

随着信息技术的飞速发展，图书馆正探索一种新型的信息咨询服务模式，被称为数字化参考咨询服务（Digital Reference Service），也被称为虚拟参考咨询服务、网络参考咨询或在线参考咨询。这种服务模式消除了时间和空间的限制，主要通过以下几种常见的服务方式向远程用户提供同步、异步和合作式咨询服务，以解答用户的问题。数字化参考咨询服务包括自助式咨询、电子邮件咨询、Homepage（信息咨询网页）服务、实时咨询、网络信息专家咨询系统和网络合作咨询等多种模式。

6.资源导航服务

根据用户需求，图书馆利用导航技术协助用户查找、鉴别和选择信息资源。这包括资源分类浏览服务、新书导读、学科指南、数据库指南等。通过事先汇总常用、重要的数据库地址或相关信息资源，或者建立专业导航库，协助用户在网络上查找有价值的信息。同时，通过搜索引擎等检索工具，收集、加工和整理各种有用的在线信息资源，将其转化为用户需要的特定信息，并提供给用户。

7.特色化服务

特色化服务涵盖多个方面，包括但不限于：

（1）电子文献传递、馆际互借服务：借助文献传递系统与国内外同行和相关机构建立协作关系，为用户提供电子文献传递服务，并通过电子邮件、传真、复印等方式传递文献。

（2）中间代理服务：提供科技查新、代查代检等服务。

（3）学科导航：提供有关学科领域的导航服务，协助用户迅速定位所需信息。

（4）新书评介、导读服务：为用户介绍新书、提供导读服务，帮助用户了解图书馆新引进的资料。

（5）期刊目次通告服务：提供有关期刊目次的通告服务，让用户及时获取期刊最新内容。

（6）多媒体信息服务：利用多媒体形式为用户提供信息服务，包括文本、图像、音频等形式的信息。

（7）个性化服务：运用信息过滤、报送和数据挖掘等智能技术，根据用户需求提供个性化服务，通过最小的努力获取最优质的服务。

（8）多媒体信息点播：提供多媒体信息的按需服务，根据用户需求点播相关信息。

（9）基于学科馆员的知识服务：利用学科馆员的专业知识为用户提供相关领域的知识服务。

8.网络教育

网络教育作为一种创新的教育形式，采用远程教学和多媒体技术，综合运用课程教育、专题教育、普及教育等方式，以满足用户的教育需求。

（三）图书馆信息服务模式

随着现代图书馆的逐步发展和成熟，数字信息资源、信息服务系统以及用户信息环境的发展和变化，其信息服务模式经历了由"馆员中心""资源产品中心"向"用户中心"的演变过程。

1.馆员中心服务模式

馆员中心服务模式是以信息服务人员为主导、中心的服务模式。在这一模式中，信息服务人员占据主动、主导的地位，是信息服务工作的核心。服务的一切工作都以是否有利于服务人员开展服务工作为目的，而相对较少考虑信息用户的主动参与。用户在整个过程中是被动接受的，无法主动选择和参与信息服务产品的生成，只能期待服务人员提供产品。用户的需求在服务人员的信息服务工作中得不到充分的反映，因此也很难得到充分有效的满足。这种被动等待的信息服务模式难以满足现代图书馆信息用户的需求。

2.资源产品中心服务模式

资源产品中心服务模式是一种以信息资源为核心，以信息服务产品为中心的服务工作模式。在这种模式下，信息服务人员通过对信息资源的处理和增值，生成信息服务产品，并以一定的策略和方式提供给信息用户使用。该服务模式的中心是信息资源和服务产品，注重信息资源的加工和服务产品的生成，较少关注信息用户的需求。该模式突出了服务资源和产品的地位，将用户视为客体，始终处于从属地位，而服务人员的特定服务和信息用户的主动性往往被忽视。这是一种传统的信息服务模式，在现代图书馆的初期发展阶段发挥了重要作用。然而，随着现代图书馆信息环境的变化和发展，这种模式在数字图书馆信息服务中已经显得缺乏生机和活力。

3.用户中心服务模式

用户中心服务模式是一种以满足用户信息需求和解决问题为目标的信息服务工作模式。在这种模式下，信息服务工作从用户的角度出发，根据用户的需求和问题，以某种策略和方式生成用户需要的信息产品，并提供给用户，从而彻底解决用户的需求和问题。这种服务模式注重各要素之间的合理结合和服务系统功能的放大，特别强调了用户在信息服务活动中的主观能动性和参与作用，使用户成为服务模式的主体。用户中心服务模式被认为是当今和未来数字图书馆信息服务的主流模式。

（四）图书馆信息服务原则

信息社会对图书馆信息服务提出了更高的要求，文献的服务方式、内容、手段、范围、意识和模式都经历了较大的调整和变革。因此，我们应该遵循以下文献服务工作的原则。

1.服务方式多样化

进入 21 世纪，随着现代信息技术的快速发展和数字图书馆的兴起，对传统馆藏和文献服务方式提出了新的挑战。信息社会以数据库信息技术为核心，利用信息技术手段，通过电子文献形式提供多向互动服务给用户。文献信息传递的方式发生了变革，从图书馆一对一、人对人的传递逐渐演变为一对几、机对人、几对机的情报型传递方式。评价一个图书馆不再仅仅关注馆藏量、座位数等传统指标，而更注重图书馆通过多种方式为读者提供服务的途径，以及提供服务的快捷性、能力和质量等方面的表现。

2.服务内容个性化

在信息社会，图书馆面对着日益多元化和个性化的广泛需求，需要转变传统的以馆藏为中心的服务模式。取而代之的是更加注重馆藏与利用并重，甚至以利用为主的服务理念，最终目标是为每个用户和特定任务找到最适合的信息，使信息得以最大程度发挥效用。当前，基于网络环境的个性化信息服务模式已初露端倪，包括词表导航、推送服务和信息传播服务等中介信息服务。图书馆员需要紧密关注网络环境下信息服务的发展和变革，及时掌握新技术，以确保并满足用户对个性化价值的追求。

3.服务手段网络化

传统的文献服务手段较为单一。读者通常通过口头咨询或使用各种索引和文摘等检索工具来获取所需图书的相关信息，然后亲自到借阅窗口领取文献。在阅览方面，仅能提供现有的纸质文献，且阅读仅限于个人操作。在其他服务方面，手段相对较为有限。

在信息社会中，图书馆信息服务手段经历了根本性变革，从传统的文献信息服务向网络化信息服务转变，涌现出了数据库、电子出版物、电子邮件等多种形式的服务手段。读者的咨询途径不仅包括面对面、信函、电话等传统方式，还可通过终端机在网络上进行信息远程查询，进行在线交互式问答，以及通过电子函件获取服务。读者的检索变得更加便捷，可随时随地在网上进行，且查询范围不再受限于馆藏，而是可以利用整个网络世界的信息资源。提供网络查询服务已成为图书馆服务的主要途径。

4.服务范围远程化

传统的文献服务通常限定在特定地域范围内，每个图书馆都服务特定的用户群体，按照"就近原则"选择最近的图书馆。这种传统服务方式存在两个主要弊端：一是某些图书馆拥有的信息资源有限，二是各图书馆服务的读者范围相对固定，不便于信息资源的广泛传播和充分利用。互联网的出现改变了这一格局，使得单个图书馆成为信息网络上的一个节点。在网络中，人们可以利用全地区、全国、全球的信息资源，读者对图书馆的存取方式也不再受时空限制。这种改变有助于实现信息资源的更广泛传播和更有效利用。

5.服务意识超前化

强调文献服务意识对图书馆的发展至关重要。文献服务的意识水平直接影响图书馆的发展。传统的文献服务观念相对滞后，过于强调馆藏数量，而对馆藏质量缺乏关注；更注重收藏而轻视利用，忽视信息传播的重要性。这导致图书馆服务主要集中在书籍和报刊服务上，而在经济、管理、科技实用技术等方面的服务相对较少。总体而言，传统观念偏向宏观，服务缺乏主动性，这些观念阻碍了图书馆的健康发展。发展文献服务意识是解决这一问题的关键。

在信息社会和知识经济时代，提前实现服务意识是图书馆强化文献服务工作首要解决的问题。文献服务人员应该更新观念，彻底转变旧有的思维方式。首先，应树立竞争意识，勇于创新，以免被社会淘汰。其次，需改变"重藏轻用"的观念，摒弃封闭式、守株待兔的旧有服务模式，以更好适应信息社会对图书馆读者服务工作的需求。最后，要抛弃"以我为中心"的思想，确保所有规章制度、图书采购、分类编目体系等都充分考虑到读者的利益。

6.服务模式集成化

集成服务是信息社会中图书馆提供文献服务的发展模式。所谓集成文献服务是指对于某一特定领域或某一特定用户的文献需求，将文献资源保障体系的各要素（功能、信息、技术等）有机地连接成一个整体，从而为用户提供针对性的面向主题的文献服务。

二、图书馆信息服务体系的构成

（一）信息服务原则

信息服务原则是在整个信息服务体系中制订信息服务规则、构造信息服务流程的基本理念，起着主导作用。

1.个性化服务原则

充分满足每个读者的个性化需求，通过与读者互动提供个性化主动服务，真正实现用户为中心，激发读者的归属感和认同感。此外，可以根据不同标准对信息服务对象进行细分，确定最合适的服务方式和内容。例如，高校图书馆可根据读者身份分为教师、学生、行政人员、外来人员等几个大类服务对象；同时，可以按文化层次进一步划分为专科生、本科生、研究生等，通过分析各类读者需求的差异性，提供有针对性的服务，在整体信息服务体系中展现不同层次的服务。

2.易用性原则

经验证明，易用性和可用性是影响用户信息检索行为的两个重要因素。正如 Krug 先生在他的畅销书《Don't Make Me Think》中所强调的，吸引用户的法宝首先是"别让我思考！"。一个卓越的信息服务体系在设计业务流程时，应首要考虑方便用户使用，简化流程操作，增强系统功能，提供培训与帮助，消除阻碍因素，从而提高信息产品的利用率。

3.协作服务原则

充分利用现代信息技术手段进行体系内和馆际间的协作，整合各方资源，实现大规模、全方位、多层次、高效能的服务。

4.合法性原则

图书馆在进行信息服务时，需确保公民享有自由获取信息的基本权利，同时要遵守相关法律法规。在提供信息服务时，要注重信息的可靠性、系统性和完整性，以确保信息服务工作能够产生积极的社会效益。

（二）信息服务相关制度

1.组织与经费保障制度

图书馆信息服务体系作为一个整体，需要建立完善的配套制度。人员组织与资源是该体系的基础。因此，在馆际协作服务体系中，应设立地区性协作中心，并制定相关制度，以确保体系的正常运转。

2.业务规范

联合协作的前提是遵循一套共同的规范，其中包括联合数据规范、通用接口协议、文献传递流程、联合咨询的轮值制度以及馆际互借的经费支付办法等。

（三）信息服务系统

信息服务系统是图书馆进行信息服务的实体，包含以下几方面的内容：

1.资源

包含信息服务组织结构内所有馆藏文献、数据库以及网络虚拟资源的总和。获取一次文献资源的方法包括购买和搜集（例如利用网络信息挖掘工具如 SPIDER 进行或手工搜索等）。通过地区性协作组织进行联合采购是有效利用有限经费的一种方法。同时，还需要注意建设二次文献资源，例如编制专题文摘和索引等。

2.组织结构

图书馆传统信息参考组织结构通常采用馆长—部主任—信息服务人员的直线制结构。该模式的主体是参考咨询部门，机构相对简单，难以适应多样化的信息需求。以馆际互借服务为例，基本的业务流程涉及双方馆的信息咨询部（接收并处理互借请求）、技术部（开发维护馆际互借平台）、读者服务部（提供所需文献）、文献资源建设部（编制维护联合目录）等多个部门。任何一个环节出现问题都可能导致整个服务流程的阻滞。因此，现代图书馆信息服务系统需要采取能够纵横协调的多维多层的组织结构，以确保多项专门任务能够在一个组织内平衡协调地完成。

3.信息处理平台

在当今信息技术高度发达的背景下，建立具有分布式环境能力的信息处理平台成为现代图书馆信息服务体系的必要手段，体现了"法"的因素。

（1）信息整合：在信息资源的构成方面，存在来自不同检索平台、多语种、各种访问权限的大量异构资源。这些资源的内容可能存在一定程度的重复和交叉，导致用户在检索过程中需要熟悉多种系统的使用方法，同时使用不同的检索工具。这样的重复使用不同的检索策略不仅浪费人力，降低了检索效率，还可能导致遗漏，使得信息资源难以实现互动和完全共享。为解决这些问题，可以采用开放语言描述、集成定制结构或流程的方式，支持对不同资源（如 OPAC、各类数据库、网络信息资源库、实时咨询知识库等）的动态搜寻、调用、解析和转换。通过开放链接进行数据对象传递，使集成成为可解析、可复用、可伸缩、可扩展的知识元库，然后通过开放协议对分布式信息资源进行有效整合。

（2）信息分析评审：通过应用自动化技术，对知识元库中的数据进行聚类、摘要和提取。随后，系统可以自动进行分析，或将数据分发给咨询专家进行进一步分析和评审，确保其价值并提供给相关用户。

4.服务平台

网络信息服务需求广泛，涉及不同读者类型和多样资源种类，信息传递与推送需通过多途径实现。因此，在实施服务时，应遵循易用性原则，将模块化的服务平台（如终端用户检索软件、在线咨询交流软件、个性化服务定制与推送软件、快速物流传递系统等）集成在一个统一的用户界面下，为读者提供快捷高效、交互式的一站式服务。以中国人民大学图书馆为例，其"数字图书馆个性化信息服务系统"整合了数字资源检索、个性化推荐、在线交互咨询服务，读者可在同一界面中检索馆藏书目、光盘数据库资源和各种许可的网络数据库资源；进行续借、预约，在线阅读电子书，下载部分论文全文；系统根据用户填写的研究方向为用户推荐相关资源，并根据用户反馈进行协同推荐；同时提供在线交互式咨询服务。

第三节　图书馆的管理服务体系

在我国，对于图书馆管理的理解随着国外管理学理论和方法的引入，以及图书馆管理实践的深化逐渐完善。

一、图书馆管理

图书馆管理是研究图书馆活动及其规律的科学，是现代图书馆学的重要分支。它应用管理科学原理于图书馆，主要关注各个图书馆的管理活动以及对整个图书馆事业的管理。

（一）图书馆管理的含义

关于图书馆管理的明确定义目前仍缺乏一致性，学者们的看法存在差异，国内外尚未达成学术界统一的定义。

有学者指出，图书馆管理是运用现代管理学的原理和方法，通过合理组织图书馆活动、有效利用人力资源和物质资源，以达到最佳效率和预定目标的过程。在这个过程中，不断审查和改进是必要的，最终实现任务的圆满完成。

有学者认为：图书馆管理涉及通过计划、组织、指挥、协调和控制等行动，以最合理的方式利用图书馆系统的人力、财力、物质资源，使其充分发挥作用，达到预期目标并完成图书馆任务的过程。

还有学者认为：图书馆管理是通过对图书馆的文献信息、人力、财金、物质资源进行计划、决策、组织、领导、控制和协调等一系列过程，以有效地实现图书馆的目标的活动。

原国家教委高教司《图书馆管理学教学大纲》指出，图书馆管理是在以图书馆发展的客观规律为基础的前提下，遵循管理工作的内容与程序，建立优化的管理系统，合理配置和利用图书馆资源，以实现其社会职能的控制过程。

图书馆管理是将图书馆的文献信息资源、用户、馆员、技术方法、设施等分散的要素有机地联系起来，形成一个整体。缺乏有效管理，图书馆活动无法进行，工作质量和效率无法保证，预期目标难以实现，任务难以完成。这种管理活动既包括对信息资源的管理，也包括对图书馆人力资源、物质资源、财金资源的管理。图书馆管理者必须在这些要素之间取得平衡，不能偏废其中任何一项。

图书馆管理不仅仅涉及图书的管理，也不是特指图书馆的具体业务工作。图书馆管理学作为图书馆学的一个分支学科，是研究图书馆管理的基本理论、管理过程、方法以及各种具体管理和图书馆管理趋势的科学。它是将管理学原理应用于图书馆管理实践的产物。图书馆管理遵循图书馆工作的客观规律，通过计划、组织、协调、指挥等手段，合理配置和利用图书馆资源，以达到预期目标，满足用户知识信息需求的一种活动。

总的来说，图书馆管理是对图书馆资源进行科学管理的目标导向活动。这一过程包含微观管理和宏观管理两个层面。微观管理关注个体图书馆的具体管理，而宏观管理则涉及社会图书馆事业体系的管理。在当前信息时代，为适应时代特色，全面运用现代管理理论成为关键，指导和提升现代图书馆管理水平是一个全方位的过程。

（二）图书馆管理的特征

作为一种独特的社会实践活动，图书馆管理具有一般社会实践的特征，包括客观性、能动性和社会历史性等，但在图书馆管理中具体呈现出独特的表现形式。这些特性是实践活动的通用特征，而各种实践活动又在这一共性基础上展现出各自的独特性。因此，图书馆管理具有以下几个主要特征。

1.总合性

图书馆管理的总合性在空间上贯穿所有图书馆活动，涵盖各方面和领域，即使图书馆活动形式变化，管理仍然无处不在。在时间上，图书馆管理与图书馆共同存在始终。早在商代，就有对藏书的管理法，史官负责掌管藏书，尽管当时尚未形成书籍分类和编目体例，但已存在一定的管理法。在乌尔的考古发掘中，发现了公元前 3000 年左右的泥版文书，它们按主题和年代排列，挂有内容简介的标志牌，代表着早期的图书馆管理思想。随着信息技术的发展，图书馆形态可能发生变化，但不论形式如何，只要存在图书馆活动，都离不开管理。因此，图书馆管理在不同层次和领域中贯穿其发展历程，具有总合性。

2.依附性

任何图书馆管理都必须与特定的图书馆业务工作紧密结合。图书馆管理的实际内容和形式都是与其他业务活动相互关联的，无法独立存在。因此，图书馆管理始终是对某种业务活动（如文献采选、分类编目、书刊借阅、参考咨询、文献检索、情报研究等）的管理。这种依附性主要表现在：图书馆管理的目标必须依托于具体的业务活动，管理的过程始终伴随着其他业务活动的进行，管理的结果总是融入其他业务活动的成果中。简而言之，图书馆管理必须以其他某种、某几种或全部业务活动作为自己的"载体"。

3.协调性

协调性是指调整和调解各种管理对象之间的关系，使它们能够相互适应，并在整体上按照事物自身的规律性达到最佳的功能状态。在图书馆管理中，这涉及不同的管理对象之间的协调，以确保它们在整个体系中协同运作。

首先，在活动的对象方面，一般的业务活动通常以某个具体事物为对象，例如，文献采选以未收藏的新书、新刊、新报、新光盘等文献载体为对象，分编工作以图书馆已采购的新文献为对象，咨询服务以读者为对象等。相反，图书馆管理在某种程度上以图书馆系统的各种业务活动为对象，致力于协调这些业务活动之间的关系以及这些业务活动内部各种要素之间的关系。因此，为适应各种业务活动，出现了采选管理、分编管理、借阅管理、咨询管理等形式的协调管理活动。这些管理活动通过协调各种业务活动，间接影响它们的运作，从而改变它们的存在状态。

其次，就活动任务而言，一般的业务活动都有特定的具体任务，例如，购回本馆读者所需的文献、保持文献的形式特征、传递读者需要的文献、对读者进行信息检索技能培训、提供咨询课题的解答方案等。相较之下，图书馆管理的任务则是"协调个体活动，并执行生产总体运动——不同于这一总体的独立器官的运动——所产生的各种一般职能"。简而言之，图书馆管理的主要任务在于协调人际关系和利益，协调人们活动的状态和过程，使图书馆各种业务活动的要素建立某种有序的优化结构。因此，图书馆管理被视为一种灵活的社会活动，图书馆管理者通常不直接从事情报产品的生产或信息服务活动。他们的主要职责是通过协调各种业务活动的内外关系，尤其是馆员之间和馆员与读者之间的关系，使各种要素和各个环节在满足读者信息需求的共同目标下，消除彼此之间存在的分歧和冲突，统一步调，实现图书馆各种业务活动的和谐运转，使之成为一个有机的整体。

4.组织性

图书馆管理的组织性具有双重含义。一方面，它表示图书馆管理活动始终在一定的组织结构（例如学校图书馆、科学图书馆、企业图书馆、公共图书馆、工会图书馆等）中展开，这个组织结构由参与管理活动的人员构成。组织不仅是管理的主体，任何图书馆管理都依托于特定的组织机构（即特定的图书馆）。同时，组织也是管理的客体，因为图书馆管理针对的是一定的组织（即特定的图书馆），而非孤立的个人，个人脱离了特定组织就无法谈论图书馆管理。

另一方面，组织性还指图书馆管理活动本身作为一种组织活动。这种组织活动将分散的资源，如人力、物力、财力、信息等，结合起来，形成一个稳定的、能够根据客观环境变化不断进行物质和社会双重结构调整的过程。这种组织过程将各种离散、无序的要素整合为一个相互联系、相互制约的管理组织系统，为图书馆管理提供了物质和社会实体基础。同时，这一过程还能根据外部和内部情况的变化，调整管理活动中各要素之间的关系，以实现物质与社会的适应性匹配关系，推动图书馆系统朝着管理目标运动。静态的组织性表现为有序的组织形式，而动态的组织性则表现为能够灵活调整的组织职能。这种组织性是图书馆管理的最基本特征，也是其他特征存在的内在基础。

5.变革性

管理在本质上是一种变革活动，是推动人们获得真正自由的手段。管理的特征之一就是变革，表现为快速、持续、根本的变化。图书馆管理同样如此。表面上，图书馆管理可能显得保守，因为它需要维持系统的一定程度稳定，通过一定的原则和规章制度来约束图书馆成员。然而，这种保守性和约束性只是图书馆获得发展的手段，是暂时的、相对的。稳定只是运动的一种特殊状态，因此，图书馆系统中的人、财、物、信息等要素都在不断变化和发展，而图书馆系统外部的经济、政治、文化、科技等环境也在不断变化。为了实现对图书馆的真正有效管理，目标和计划必须反映对象的变化，协调活动需要使系统内外因素在变动中保持定向的合理性。通过不断的信息反馈，实现对图书馆的动态控制，并根据图书馆的发展调整失去合理性的规章制度。可见，图书馆管理的变革性是由图书馆本身的运动决定的，具有客观性。图书馆管理的变革性主要体现在其发展演化中。作为一种主观见之于客观的活动，图书馆管理必须反映图书馆的变化，包括当前的变化、变化的趋势以及趋势的转变。为实现这一目标，需要通过科学预测、设立目标、制定计划、完善组织、实施控制等一系列动态管理活动的反复循环。

6.科学性

图书馆管理的动态性并非意味着其缺乏规律可循。尽管图书馆管理是动态的，但可分为两大类：程序性活动和非程序性活动。程序性活动是指能够依照一定规章制度操作，达到预期效果的管理活动，例如制定读者服务、人员管理、行政管理、后勤管理等方面的规章制度。而非程序性活动则是指需要在操作过程中进行探讨的管理活动，如新馆建设、图书馆自动化系统建设、组织机构调整、复合图书馆设计等。尽管这两类活动不同，但它们之间是可以相互转化的。事实上，现实中的程序性活动往往是以前非程序性活动的转化产物，这一转化过程是对这些活动与管理对象规律性的科学总结，体现了图书馆管理的科学性。此外，对于新的管理对象采取的非程序性活动也必须依据过去的科学结论进行，否则，对这些对象的管理将失去可靠性，这同样彰显了图书馆管理的科学性。

由于图书馆管理对象分别处于不同系统（科学院系统、文化系统、教育系统、工商企业系统等）、不同部门（采访部、编目部、流通阅览部、典藏部、参考咨询部、研究辅导部、信息技术部、特藏部等）、不同环节（出纳台借还、书库整理）以及不同的资源供给条件等环境中，每个具体管理对象的管理并没有一个统一的、完全有章可循的模式。特别是对于那些非程序性、全新的管理对象而言，管理的成效与管理主体的技巧密切相关。实际上，管理主体对于管理技巧的熟练运用和发挥体现了设计和操作管理活动的艺术性。此外，由于在实现图书馆资源有效配置目标的过程中，存在多种多样的管理方式和手段，因此在众多可选的管理方式中选择适用于实际图书馆管理的方法，也是管理主体管理的一种艺术技能的表现。

二、图书馆管理的对象

图书馆管理涉及三个主要方面的对象：人力资源管理、物力资源管理和财力资源管理。在人力资源管理方面，包括对图书馆员工和读者的管理；在物力资源管理方面，涵盖图书馆文献信息、建筑和设备、技术方法等方面的管理；而财力资源管理则指导图书馆的经费支出和各种经营性收入的管理。

（一）图书馆人力资源管理

1.员工管理

图书馆员工扮演着连接文献信息和读者的纽带与桥梁的重要角色，同时也是图书馆活动的管理者和组织者。图书馆工作的效益和社会影响的质量在很大程度上取决于图书馆的员工，因此他们是管理的核心要素。图书馆员工主要分为专业人员、技术人员和行政人员三大类。为了激发员工的积极性和创造性，管理者可以采用多种手段，如定岗、定员、考核、选举和激励，从而调动员工的潜力，使其聪明才智得到充分发挥，实现人尽其才、各得其所、各获其荣的目标。

2.读者管理

读者，又被称为"用户"，是图书馆的服务对象。图书馆因读者而存在，读者的存在和需求是图书馆生存和发展的动力。由于图书馆读者群的复杂性、多变性以及信息需求的多样性，读者管理成为图书馆管理中最活跃的元素。管理者必须确立"读者至上"的理念，所有管理工作都应以满足用户文献信息需求为出发点和目标，以最大限度满足读者不断增长的知识信息需求。

（二）图书馆物力资源管理

1.文献信息资源

图书馆的文献信息资源总称为"图书"，是图书馆的基石，也是其存在的必备条件，是构成图书馆系统的最基本要素。这一资源体系是根据图书馆的性质、任务、方针以及特定读者群的文献信息需求，经过长时间的积累而形成的。随着科技的进步，图书馆的文献信息资源的载体变得越来越丰富多样，包括印刷型、缩微型、声像、电子型和网络资源等。对这些资源进行管理不仅需要确保其系统的完整性，还需要方便读者充分利用文献信息；管理工作既要注重馆藏特色的建设，又要促进资源的共建和共享。

2.建筑设备

建筑设备，又称为"设备"，是构成图书馆生存基础的物质条件。传统的图书馆设备主要包括建筑、书架、目录柜、阅览桌椅等。而现代图书馆设备不仅包括传统设施，还涵盖了许多现代化技术设备，如视听设备、复印设备、缩微阅读设备、传真设备、文字处理设备、图书馆计算机自动化系统、图书馆消防安全系统、中央空调系统、局域网以及互联网接口等。这些设备可以分为两大部分：一部分是围绕业务工作而产生的现代技术设备系统，另一部分是为业务主体提供服务的行政后勤服务技术设备系统。

3.技术设备

图书馆的技术设备以自动化系统为核心，包括计算机软件系统、硬件系统和数据库三大部分。随着科学技术的进步，数字化图书馆的兴起使得信息设施、信息资源和信息人员的智力逐渐融为一体，图书馆的自动化系统也不断完善。这种发展趋势将对图书馆的建筑设备产生深远影响。因此，图书馆管理者需要采用战略眼光来规划和建设图书馆文献信息服务技术设施体系，以促进信息资源体系的形成、维护、发展，并为信息的开发和利用提供必要条件。

（三）图书馆财力资源管理

图书馆的财力资源主要由政府拨款和社会各界的资金投入组成。这些资金主要用于购置各种文献信息资料的不同载体、业务活动、行政管理、员工工资和设备维护等方面。经费预算是图书馆经费管理的基础工作之一，而在预算执行过程中，则需要建立严格的经费结算制度。管理者应通过核算执行情况，提供相关信息以支持经费管理。在实施经费管理时，应强化财务制度，切实执行相关规定，通过严格的财务制度来管理图书馆的经费，以最低的成本获取最大的效益。

三、图书馆管理基本要求与内容

（一）图书馆管理基本要求

现代图书馆管理的核心要求包括管理规范、劳动组织合理、员工专业化和工作业务的量化。具体而言，管理规范要求建立完善的规章条例和业务标准，涵盖图书馆管理的规章条例和技术标准。劳动组织的合理化旨在以最经济的人力获取最佳工作效果，实现这一目标需要合理建立符合节约人力、便于管理、减少层次、提高效率原则的业务机构，科学划分工序和工作范围，并建立岗位责任制。员工专业化则要求培养一支具备图书馆学、信息学基本知识和相关技能的专业团队，使其朝着文献信息工作专业化方向发展。业务工作计量化指的是建立系统的图书馆管理统计制度，通过统计数据反映图书馆的基本情况，为改进工作、提高服务质量提供依据，以实现科学有效的管理。

（二）图书馆管理内容

现代图书馆管理是通过决策、计划、组织、控制、协调等环节实现的。这些环节之间不是孤立的，而是相互联系、相互制约，共同影响着整个管理运动的全过程，形成了独特的图书馆管理内容。

1.决策

任何图书馆系统及其所属的子系统的管理过程都离不开明智的决策。这包括图书馆系统的发展方向、政策、战略的决策；各项业务工作中的决策，如文献采集范围与复本数量、分类法选择、馆藏划分最优方案、排架方式、开架与闭架方式等；人事方面的决策，涉及人员智力结构、人员更新与培训方式、奖惩制度等；财务和设备方面的决策，包括经费合理分配、设备和用品的选择等。在图书馆管理中，决策是关键的环节，直接影响着整体运作的效果。

2.计划

这是管理过程中的一个极为重要的要素。计划是一种连贯的预测未来、设定目标、制定政策、选择方案的过程，是引导图书馆各项活动的指南，所有图书馆系统的决策都需通过计划来实施。图书馆计划主要涵盖两个方面：国家图书馆事业发展计划和个体图书馆的发展计划。

计划由定额、指标和平衡三个部分构成。定额是制定发展计划的基础，计划的内容和任务则在指标上体现，而平衡表是实现计划的基本手段和工具。国家图书馆事业发展计划是各分项计划的综合，一个馆的总体计划则是该馆内各个部门计划的综合。在制定各项计划时，应清晰定义计划的主要任务，明确其在总体规划中的地位和作用。需慎重选择主要衡量计划发展水平的指标，规定发展的规模和速度，突出发展的重点，确立适当的比例，并注重各计划之间的协调。

3.组织

组织是将各项活动所需的资源整合，建立组织的活动与职权之间关系的过程。在实现管理目标、完成计划的过程中，组织是发挥管理职能的保障。组织工作涉及分工和各方协作。其中，人事工作是为组织的工作过程中设置的工作岗位配备合适的职工人选。因此，在图书馆管理系统中，建立健全的组织机构至关重要，需要明确各个工作岗位的职责，确立各级人员之间的相互关系，以实现职责明晰、权责结合的管理效果。

4.领导

领导工作涉及激励、领导方式、沟通等问题，对于组织目标的实现至关重要。在图书馆管理中，建立合理的领导层群体结构至关重要，要注重选拔具备主导型人才的领导者，并加强领导者群体的智力结构，促进团结协作。图书馆领导者应注重不仅在正确运用合法权力和奖励权力方面有所作为，还应学习和掌握图书馆专业知识和管理知识，不断提升各方面素质，以增强专业权力和个人影响力。

5.控制

控制是按照既定的工作计划和标准来度量工作成果，纠正偏差，确保工作朝着计划的方向进行的过程。因此，控制不仅仅是对当前工作成果的评估，更重要的是对工作发展趋势的认知和判断，为改进工作提供信息反馈。良好的信息反馈对于图书馆有效控制各项工作至关重要。控制的功能通过输入、中间转换、输出和反馈这四个环节来实现。

6.协调

协调在管理过程中扮演着不可或缺的角色，它有助于使图书馆事业或特定图书馆的各项工作保持和谐，避免矛盾和脱节。微观层面上，图书馆的协调涉及内部的纵向和横向两个方面。纵向协调旨在保持图书馆各层次子系统的平衡，而横向协调则追求各个工作环节和部门之间的协作，防止发生脱节或失调。从宏观层面看，图书馆的协调还涉及与外部的协调。馆际之间的协调分为纵向和横向两个层次。纵向协调指的是本系统图书馆在内部的层次间的协调，而横向协调涉及本图书馆系统的方针、任务与其他图书馆系统的协调。

四、图书馆管理的基本原则与意义

（一）图书馆管理的基本原则

1.集中管理

集中管理是我国图书馆事业管理的重要原则，具体体现在两个方面：首先，图书馆事业建设需要实行集中统一的管理，以便协调全国各系统、各地区图书馆的工作，有目的地规划全国图书馆事业的发展，并组织形成全国性的图书馆事业网。其次，图书馆业务技术工作也需要进行集中管理，即实行图书馆业务技术工作的标准化，包括统一分类、统一编目、统一数据存储格式以及信息交换标准等。这两个方面的集中管理有助于提高整个图书馆系统的协同效率，确保各图书馆间的一致性和互通性。

2.民主管理

民主管理是我国图书馆管理的又一重要原则。这一理念体现在允许图书馆工作人员和用户代表参与图书馆的管理工作中，可以建立包含馆员和用户代表的民主管理组织。这个组织的设立旨在提升图书馆的管理水平，为图书馆管理提供参谋作用。民主管理组织的任务包括提出合理的建议和改进意见，监督图书馆工作计划的执行，提供建议关于专业人员的安排和使用，以及对领导干部的工作进行监督等。通过引入民主管理，图书馆能够更好地借助集体智慧，促进工作的科学决策和良好执行。

3.计划管理

这同样是我国图书馆管理的一个重要原则。图书馆的计划管理旨在充分发挥工作计划在管理过程中的作用。工作计划是在考虑客观实际情况和工作任务的基础上，预先确定开展工作的目标、措施、步骤以及方法等。工作计划的层次可以包括全馆计划、部门计划，或者某一项具体工作的专门计划。在制定工作计划时，必须以实际情况为依据，同时要保留一定的灵活性。在执行计划的过程中，需要根据客观情况的变化对计划进行适度修改。如果缺乏计划，就难以有效地组织业务活动。因此，正确制定和执行各种工作计划是图书馆管理中不可或缺的一环。

4.注重经济效果

关注经济效果意味着要深入研究如何在人力和经费方面实现合理使用，最大程度发挥图书馆各项设备的潜力，建立最优化的文献信息资料收藏系统和服务系统，并相应制定科学的规章制度。我们努力以最少的经费获取用户最需要、最具使用价值的文献资料，以最经济的方式处理各种文献信息，以最快的速度为用户提供各种资料，同时确保图书馆的各项设备得到最大程度的发挥，以确保图书馆各项活动的最大效能。这些应该是图书馆管理追求的目标。对人力、物力、财力和时间的浪费以及无效劳动的防止，与图书馆管理的原则是一致的。关注经济效果应当成为图书馆管理的基本原则。

（二）图书馆管理的意义

1.图书馆管理是图书馆事业具有全国规模的需要

图书馆工作在科学发展和社会进步的推动下不断前进，经历着分化和综合的过程。科学文化信息交流导致了图书馆系统的分化，进而形成各种子系统和二级子系统。这些子系统和二级子系统相互依赖、相互制约，共同存在于图书馆系统的统一体中，共同致力于向社会提供文献信息的任务。这种分化和综合的动态过程使图书馆工作逐步演变，适应着不断变化的社会环境。

随着社会的进步和科学文化的发展，图书馆的数量和类型不断增加，与用户的联系也变得更加广泛。这表明图书馆不再是孤立的个体，而是社会中的有机整体。因此，需要通过有效的管理来密切图书馆与图书馆之间、图书馆与用户之间的联系。

图书馆事业由各种不同类型的图书馆组成。为了使全国范围的图书馆事业布局合理、协调并有计划地发展，必须实施科学有效的管理。这样可以将丰富的文献资源视为全社会的共同财富，并有效地进行开发和利用。

2.图书馆管理是有效利用信息资源的需要

信息广泛存在于自然界和人类社会，包括自然信息、社会信息、生命信息和机器信息。对于人类来说，每时每刻都在传递和接受着大量的信息，而其中的核心就是知识。信息是一个动态的概念，在流通中才能发挥其作用。要有效体现信息的价值，必须运用科学的方法进行管理。

在当前社会中，文献作为主要的信息来源，表现为信息存在的一种物质形态。随着文献量在当代社会迅速增加，图书馆面临着对数量庞大且内容复杂的文献资料进行准确挑选和科学整理加工的挑战。这样才能及时将信息传递给用户。因此，进行科学有效的管理是充分利用信息资源的前提，而没有这样的管理是根本不可能实现的。

3.科学有效的管理是实现图书馆工作现代化的需要

图书馆组织管理的有效性和科学性既是现代图书馆工作的必然需求，也是实现工作现代化的基础。科学化的图书馆组织管理是推动图书馆工作现代化的关键。举例而言，要建立拥有先进技术和设备、能够高效传递文献信息资料的信息网络，必须加强对图书馆工作和事业的科学有效管理。没有科学有效的管理，即使拥有先进技术和设备，也难以充分发挥其作用。因此，现代信息网络的建设和发挥作用不仅仅依赖于技术和设备的现代化，更关键的是图书馆管理水平的提升。

第三章　数字时代图书馆读者服务

第一节　基于大数据的图书馆个性化智慧服务体系构建

随着科技进步和读者对个性化阅读的需求增加，智慧服务成为图书馆服务能力和读者满意度的重要方面。有效利用新一代信息技术改变图书馆与读者的互动方式，通过智能感知、分析和集成提升图书馆的个性化服务响应、信息资源融合、服务平台协同和智能服务能力，是提高读者个性化推送服务效率、精确性、交互性、时效性、连续性和业务弹性的关键。这也是实现图书馆智慧服务平台化、精准化、实时化和可预测化的保证。大数据技术作为智慧图书馆建设和运营服务的重要支持技术，具备"4V+1C"的特点，即数据体量巨大、类型繁多、价值密度低、处理速度快，同时具有较大的复杂性。通过从海量、复杂、实时的大数据资源中进行知识发现、价值挖掘、智能提升和价值创造，大数据技术实现了产品即服务、技术即服务以及意识即服务的读者个性化智慧服务理念。此外，大数据技术提高了数据资源利用率，显著降低了图书馆的运营风险和成本，确保了运营系统具有较高的服务收益率。

一、智慧图书馆的内涵与个性化智慧服务功能性需求

（一）智慧图书馆的内涵

智慧的定义是："智慧是指对事物能迅速、灵活、正确地理解和处理的能力。依据智慧的内容及其所起作用的不同，可以把智慧分为三类：创新智慧、发现智慧和规整智慧。"因此，智慧图书馆的内涵主要应包括智慧感知、

智慧管理、智慧服务和智慧决策四方面的内容。

第一，智慧图书馆应具备全面感知信息的能力。通过各类信息感知设备如个人阅读终端、PC 机、射频识别装置、红外感应器、全球定位系统、激光扫描器等，对实体图书资源、电子数据虚拟信息、图书馆管理与运营数据和用户需求信息等进行全方位的自动化感知、采集、传递和智能分析。

第二，智慧图书馆应具备智慧化管理的能力，包括对图书馆运营与读者服务的智慧化管理。通过采集、处理、分析和判断系统运营状态数据，发现并解决资源分配与调度、用户服务、效能管理和运营经济性等方面的问题，实现管理与服务系统整体的最优化运营。

第三，智慧图书馆的核心是读者的智慧服务。利用大数据技术对读者需求和服务模式进行预测，通过建立图书馆界之间的资源共享和协同服务，消除时间、地点、阅读方式与阅读内容的束缚，确保读者可随时随地获得个性化推送式智慧阅读服务。

第四，智慧图书馆通过智慧决策，从管理与运营系统的全局层面保证管理决策、资源分配、硬件与软件系统建设、技术选择的科学性，确保图书馆安全、高效、经济和低碳运营。

（二）图书馆智慧服务的功能性需求

1.图书馆智慧服务 CRM（客户关系管理）的需求

将管理的焦点从以基础设施和服务产品为核心转向以读者为中心的用户关系管理，是图书馆智慧服务的一个显著特点。图书馆 CRM 作为一种服务策略，旨在选择、管理有价值的读者及其关系。这种策略使图书馆能够依靠企业文化进行科学的市场调研、选择服务模式以及制定用户服务流程。此外，它对降低服务成本、提高智慧服务效率以及增加读者服务的价值、阅读收益率、满意度和忠诚度至关重要。

智慧服务环境中的图书馆具有复杂性、多用户和激烈竞争的特点。首先，图书馆在客户关系管理方面缺乏可借鉴的法规和操作流程，通常过度依赖管理人员的经验。其次，图书馆需要制定科学的用户服务协议，并严格遵守契约关系，以有效减轻 CRM 对业务员个人依赖性的影响。第三，随着智慧服务的深入发展，图书馆之间对客户资源的竞争将进一步加剧。因此，科学分析客户流失原因和有效挖掘潜在客户变得尤为关键，这有助于提高 CRM 效率并扩大读者群规模。

2.提高图书馆智慧服务大数据可用性的需求

图书馆通过对数据中心监控器、传感器、监控视频、GPS 等设备产生的大量数据进行采集、数字化、分析、判断、预测和评估，以及运用建模结果科学决策、方案设计和可行性判定，从而提高图书馆智慧服务大数据的可用性。为确保大数据处理流程的科学性，首先，图书馆需要及时发现和预测智慧服务过程中的安全问题、用户需求和服务瓶颈，并进行监测、调度和反馈控制。其次，所采集的智慧服务支持数据应涵盖图书馆建设、系统运营、读者管理和用户服务等多个方面，以实现从以管理员为中心的"经验治理与服务"向以读者为中心的"科学管理与智慧服务"模式的转变。同时，读者大数据资源的采集内容应包括读者阅读习惯、文化状况、社会关系和阅读历史记录等，以确保大数据资源具有科学性、前瞻性和价值性，能够准确分析读者个性化特征和用户阅读需求。第三，为保证图书馆所涉及的建设、运营和服务等大数据信息能够在数量、速度和多样性三个维度上实现快速增长与更新，图书馆需要通过对大数据资源的价值挖掘和知识创新，为用户的智慧服务提供新的驱动力。

（三）读者个性化智慧服务的需求

在图书馆实施读者个性化智慧服务中，大数据的价值主要体现在读者群体划分、智慧服务内容与读者的关联性分析以及个性化智慧服务的定制。因此，第一，需关注图书馆运营的安全与效率、读者个性化智慧服务的质量保障以及图书馆服务投资与读者阅读收益的公平性等问题。第二，图书馆应通过对采集的海量数据进行分析和挖掘，准确了解读者的阅读习惯、阅读社交群体、未来阅读行为和需求、阅读价值观以及服务等级协议，以确保为读者的个性化智慧服务提供可靠的数据支持。第三，图书馆在建设数据中心的大数据处理平台时，需确保其具有层次化结构和分布式系统架构，旨在在降低大数据采集、存储、处理和分析成本的前提下，提高大数据平台统一决策的效率和精确度。第四，为了实现对读者个性化智慧服务数据的即时采集，图书馆的智慧阅读终端应得到第三方增值服务商（如"谷歌眼镜"等）的支持，以确保图书馆读者个性化智慧服务的高效、快速、经济和便捷。

（四）读者智慧服务大数据资源管理与应用的安全需求

首先，图书馆在应用大数据时面临着环境复杂、安全威胁多、数据标准与结构不统一、数据存储分散等问题。这导致大数据资源在不同子系统间难以共享，利用效率低，缺乏深度的价值挖掘和综合利用。其次，大数据处理平台的数据管理具有较高的兼容性和可靠性需求，要求子系统能通过数据中心网络实现大数据资源的统筹管理、统一服务、快速查询和高效决策，从而为图书馆个性化智慧服务提供信息服务和决策支持。再次，图书馆的大数据资源主要包括结构化、半结构化和非结构化数据，其中非结构化数据占据数据总量的绝大多数。如何高效地利用数据存储、管理和处理策略，实现大数据平台系统架构的平衡，是确保大数据价值挖掘过程高效和可靠的关键。

（五）图书馆智慧服务对大数据资源开放性和可控性的需求

图书馆智慧服务具有用户阅读终端与服务平台广泛互通、服务商对智慧服务感知透彻、智能管理与服务深入三个主要特征。然而，随着读者大智慧服务的深入发展，图书馆面临着海量数据规模、快速数据流转和动态数据体系、多样数据类型和非结构化数据（如图片、声音和视频）占比庞大等挑战，严重影响了大数据资源的开放性和可控性。

首先，图书馆业界对大数据资源缺乏统一的模式标准，导致数据采集、存储和使用过程存在标准不统一、准确性与完整性低、数据价值可用性不高的问题。此外，图书馆联盟在用户服务系统建设中难以统一规划和科学论证，导致图书馆之间、图书馆内部各子系统之间缺乏统一的管理模式和数据标准，容易产生"信息孤岛"现象。其次，图书馆大数据分析工具的效率和可用性是影响大数据资源开放性和可控性的关键因素。这些工具在注重算法效率和经济性的同时，应注意防止对用户信息的过度挖掘，以免侵犯读者隐私。最后，图书馆大数据平台与数据资源的管理模式、策略、平台系统架构和处理工具的科学性与兼容性，也是影响个性化智慧服务大数据资源开放性和可控性的关键。

二、基于大数据的图书馆个性化智慧服务体系的构建与服务可用性保障

（一）基于大数据的图书馆读者个性化智慧服务体系构建

根据图书馆读者个性化智慧服务的目的、内容方式与过程，我们设计了基于大数据的图书馆读者智慧服务体系框架。这个体系架构主要包括感知层、传输层、平台层和应用层四个部分。

感知层主要由系统监控设备、RFID（无线射频识别）设备、视频与图像采集设备、网络监控器和传感器等组成。这些设备对读者个性化智慧服务的应用模式、服务过程、读者阅读收益和用户反馈进行数据采集和标准化处理，将用户阅读行为和服务有效性信息进行数字化表现。

传输层根据感知设备所处位置与图书馆数据中心之间的距离，利用光纤线路、无线传输信道和计算机通信网络，将感知层采集的数据安全、准确、快速、经济地传输至图书馆数据中心系统。

平台层系统设备位于图书馆数据中心内部，由数据中心基础设施平台、大数据管理与应用平台、读者个性化智能服务平台组成。它主要负责完成读者大数据资源分析、用户个性化服务需求预测与评估、个性化服务提供与管理等任务。

应用层依靠平台层提供的数据基础，实现图书馆的大数据分析与决策、系统智能化管理与优化、用户关系管理和个性化需求预测，以及读者个性化智能服务的提供、保障、管理和完善工作。

（二）基于大数据的图书馆个性化智慧服务可用性保障

1.图书馆智慧服务过程应加强 CRM 的应用

在智慧服务过程中，图书馆应强化 CRM 的应用，以全面、准确地获取读

者类别、阅读忠诚度、潜在用户、读者阅读关系和智慧服务有效性数据，为智慧服务的可持续发展提供理论依据和大数据支持。首先，通过 CRM 的应用，图书馆可以不断发现并挖掘个性化智慧服务的潜在客户。建立用户智慧服务的数学模型，对读者智慧阅读的内容、迫切性、可靠性进行分析，并将读者划分为不同的优先发展等级，向潜在客户倾斜，实现读者群质量增强和数量扩展。其次，通过对读者阅读活动相关数据的挖掘，查找出读者流失和阅读忠诚度下降的原因，并制定相应的管理策略来维护读者群体数量稳定。同时，根据读者的学历、阅读需求、阅读习惯、性别、年龄和职业特点，将用户划分为不同的读者群体并提供相应的智慧阅读服务，提高智慧服务的个性化水平和用户满意度。最后，通过对读者智慧阅读服务统计数据的分析，发现近 30% 的超级读者享受了图书馆 70% 的智慧服务资源，并决定了图书馆智慧阅读服务的投资收益率水平。因此，图书馆 CRM 可重点保障关系个性化智慧服务质量的核心客户需求，在大幅降低服务成本的前提下提高智慧阅读服务收益率。

2.实现读者智慧服务个性化需求的透彻感知

对读者服务个性化需求的深入感知是图书馆依据读者智慧服务需求、文化水平、阅读习惯、阅读心理、行业倾向、阅读终端特点和所处地域特点，进行有效个性化服务定制和推送的关键。对读者个性化智慧服务需求信息的采集、判定、分析、获取和传递，以及对所获得信息的科学处理与高效应用，是图书馆个性化智慧服务有效性保证的两个关键因素。首先，图书馆可利用高性能传感器、数码相机、RFID（无线射频识别）、计算机和网络设备，对读者阅读活动进行即时感知、测量、捕获和传递，并通过高效、实时、准确和快速的分析来获得读者个性化服务的需求信息。其次，图书馆个性化智慧服务过程应是可监控、可采集、可量化、可整合、可创新和可协作的，能够精确感知用户个性化服务的内容、过程、数据、环境、质量和需求。再次，利用云服务商的大数据处理平台实现海量数据的快速处理和深度挖掘，对个性化服务的内容、过程和有效性实现深度感知。最后，通过对大数据分析结果对读者个性化需求进行准确的分析和预测，提高个性化服务的精确度和满意度。通过对读者服务预约、微博感言、满意度调查和服务导航等数据分析，准确预测读者智慧阅读的需求、内容、途径和步骤，并通过服务的预约与定制完成个性化服务的即时推送。

3.对读者个性化阅读需求和智能服务模式

进行大数据挖掘与整合是确保图书馆准确挖掘读者个性化阅读需求的前提，同时也是评估智能服务模式安全、有效和可用性的关键，保证智能服务过程的共享和开放。第一，图书馆应深入分析和挖掘所采集的用户数据，全面发现数据中蕴含的价值信息，实现对读者个性化服务需求的全面即时感知。建立以读者为中心的系统、开放、连续、专业的大智慧服务模式，为用户提供创新、交互、远程和定制的个性化智慧服务。第二，大数据的挖掘与整合的有效性是关系图书馆个性化智慧服务决策与运维活动的关键，确保图书馆智慧服务具有高科学性和前瞻性。图书馆智慧服务应将冲破阅读模式、阅读终端、读者地理位置、网络传输性能和服务策略对读者智慧服务的束缚作为大数据挖掘与整合的主要目的。第三，智慧服务模式的大数据挖掘与整合过程应以读者个性化特征和个人需求为中心展开，并将智慧服务贯穿于图书馆基础设施建设和服务有效性保障的全过程，为读者提供主动、个性化、泛在、人性化的智慧服务。第四，读者大数据资源的挖掘与整合过程应以为用户提供全方位、立体化和可定制的个性化服务为目的，不断提升读者的智慧阅读满意度和忠诚度。

4.确保图书馆智慧服务的大数据应用过程安全、可靠

图书馆在大数据时代应强化对大数据采集、传输、存储和应用过程的安全管理，以确保在个性化智慧服务中大数据资源的安全、可靠、可用和可恢复，为智慧服务提供有效的大数据资源支持。随着图书馆读者群和大数据信息量呈几何级数递增，传统的数据存储和管理模式已不适应大数据时代下读者个性化智慧服务的需求。第一，图书馆应转变传统 IT 环境下的简单增加存储磁盘和新建管理系统的模式，而统一整合存储系统、大数据分析与管理系统、大数据挖掘系统和大数据决策系统为一个管理平台。这样可以实现对数据资源的存储、共享、分析和决策过程的统一管理，避免数据孤岛和负载不均衡。第二，图书馆应加强大数据平台的访问权限管理和安全防御系统建设，提高数据采集、存储、访问和应用系统的可靠性。执行国家和行业的大数

技术相关安全管理规定，强化管理员和用户的访问权限与密码管理，实施不同安全级别的管理策略。第三，在对读者大数据信息进行挖掘和价值发现时，应加强读者隐私保护和核心数据的保密工作。通过在数据传输前加密，防止数据被监听、窃取和篡改，确保数据的完整性、可信性和可用性。同时，防止对数据的过度挖掘导致读者隐私泄漏。

5.实现图书馆运营与服务的智慧化管理

目前，智慧图书馆的 IT 结构正朝着从集中式架构向分布式架构演进的趋势发展，并且服务系统的层次化和功能性特点将更加突出。因此，图书馆在实现智慧化管理时，需考虑降低数据存储与管理成本，提高智慧服务的决策效率和准确度。第一，图书馆应实施标准化的数据管理操作，以空间数据为核心，以地址数据为关联，实现空间数据和非空间数据的一体化管理。同时，加强对结构化数据和非结构化数据的细致管理和价值挖掘，为智慧图书馆的管理和用户个性化服务提供决策依据。第二，图书馆应强化对数据中心系统基础设施的硬件运营数据、网络性能数据、服务监控数据、视频监控数据、系统运行日志和用户访问数据的采集、处理、分析与决策工作。准确发现、评估和预测图书馆在运营与用户服务过程中服务器性能与负载量、安全威胁与隐患、能源消耗与资源利用效率、智慧服务读者满意度和读者个性化需求等方面的情况，以保证图书馆的智慧化管理与用户服务过程安全、高效、经济、低碳。第三，通过对读者、第三方运营商和自身服务过程的大数据资源进行分析，明确读者个性化需求、第三方运营商技术与服务优势、用户服务模式和服务能力存在的问题。通过与其他图书馆、第三方运营商的服务联盟，实现服务资源共享和优势互补，构建一体化、多服务模式与内容、可跨越地区和系统的读者个性化智慧服务联盟，为读者提供统一资源、统一认证、统一检索、统一服务的个性化智慧服务。

当前，图书馆正朝着从传统的借阅服务模式向以人为本的智慧服务模式转变。智慧服务体现了图书馆服务中人、资源、空间三个主要要素的智慧交互与融合，是未来图书馆服务模式发展的必然趋势。智慧已经成为图书馆用户个性化服务中的重要工具和内容。随着大数据时代的到来，图书馆有了对读者阅读需求、阅读行为、阅读情绪和阅读满意度的细节化测量的可能性。

图书馆需要有效分析所采集的用户阅读行为数据和社会关系数据，准确发现和预测读者的阅读行为习惯、喜好和需求，这是构建用户个性化智慧服务的关键。在图书馆依据用户需求实时调整和精确优化服务模式和内容方面，大数据科学分析结果发挥了关键作用。因此，图书馆必须树立以人为本的服务理念，以读者个性需求和大数据科学分析结果为依据，为读者提供安全、高效、满意、低碳的个性化大数据阅读服务。

第二节　我国图书馆移动信息服务的现状与发展对策

一、我国图书馆移动信息服务发展的特征

回顾我国图书馆推动移动信息服务的现状，可以归纳如下主要特征。

第一，我国图书馆的移动信息服务目前仍处于初级阶段。总体来看，能够提供此类服务的图书馆数量相对较少，占比相当有限。观察这些图书馆开展移动信息服务的时间，很多是在 2009 年和 2010 年才开始提供服务，服务时间相对较短。

第二，现有已经实施移动服务的图书馆之间存在不均衡的发展状况。国家图书馆、上海图书馆、清华大学图书馆等处于领先地位，在系统建设、用户研究以及服务方面取得了显著成绩，然而，许多其他图书馆仍处于测试和试验阶段。

第三，当前，手机是我国图书馆移动服务的主要终端。在提供的移动服务中，手机和 WAP 服务较为普遍，而客户端服务和电子阅读器服务相对较少。

第四，目前，我国图书馆提供的移动服务项目主要涵盖书目检索、到期/超期催还提醒、个人借阅查询、图书馆通知/公告、书刊推荐、预约到馆通知、续借、移动阅读、预约、图书馆概况、服务指南等方面。

第五，图书馆主要通过图书馆网站进行移动服务的宣传推广，同时辅以一些少量的活动推广。

第六，目前，我国图书馆移动信息服务的建设与管理主要由图书馆的信

息技术系统部门负责，业务部门尚未全面参与，因此移动服务的实际成效并不明显。

二、我国图书馆移动信息服务的发展对策

（一）图书馆移动信息服务的建设

1.积极顺应潮流，迅速推进图书馆移动信息服务建设

随着移动通信和互联技术的普及，各行业纷纷应用移动信息技术，如移动政务、移动办公、移动商务、移动教育和移动娱乐等服务模式已经成为常态。在现代信息技术飞速发展的大环境下，新型信息服务模式层出不穷，这既对传统图书馆的服务模式带来挑战，同时也为图书馆提供了使用各种新信息技术进行服务延伸、拓展和创新的机遇。因此，图书馆应紧跟潮流，主动采用移动信息技术开展服务。尽管我国图书馆移动信息服务的起步相对较早，但发展速度尚不理想，服务内容也相对简单，提供此类服务的图书馆在整体图书馆体系中所占比例较低。因此，图书馆应该迎头赶上，将移动信息服务纳入新技术应用的整体规划中。要引起领导的高度重视，让业务部门与技术部门合作，制定实际可行的计划，着手研发和建设图书馆移动信息服务系统。图书馆可以选择自主设计和开发移动信息服务系统，也可以委托专业公司进行开发，或者直接购买移动服务系统。

2.跟踪研究、及时利用新的移动信息技术

持续跟踪研究并及时应用新的移动信息技术是关键。当前，我国图书馆在移动信息服务方面的技术利用呈现出一些特点。早期提供服务的图书馆主要以短信息服务为主，而近两年开通的移动服务包括短信息和WAP网站服务，一些先进图书馆如国家图书馆和上海图书馆还提供客户端和电子阅读器服务。由于移动通信和互联网技术的快速发展，图书馆的移动信息服务需要紧密追踪最新技术的研究，及时应用新的移动信息技术。举例来说，移动终端的多元化发展，除了手机外，还涌现出电子阅读器、平板电脑等多种移动信息终端；同时，移动信息连接技术也变得越来越多元，除了短信息和WAP网站，

智能手机的广泛普及也推动了客户端软件服务的兴起。

3.基于用户需求开展图书馆移动信息服务

用户需求是图书馆开展移动信息服务的前提和依据,因此,需要图书馆对用户在移动环境下对图书馆服务的需求和利用图书馆服务的行为进行研究。在设计、开发移动信息服务系统之前,调查、把握用户需求,针对图书馆用户在移动环境下的信息需求设计、开发移动服务功能;在移动信息服务系统正式上线服务后,对用户使用状态进行跟踪研究,分析用户的使用行为特征,为调整、改进服务提供依据。

4.运用系统工程方法,动态建设图书馆移动信息服务系统

图书馆应紧跟移动信息技术的发展步伐,对其不断进行跟踪研究,了解用户对移动服务需求的变化,并不断更新、调整和升级图书馆的移动信息服务系统。图书馆的移动信息服务系统的建设不仅涉及技术实现,还与用户研究、内容整合、用户服务和系统管理等多个方面有关,是一个相对复杂的系统工程。因此,应该将图书馆的移动服务系统视为一个整体,运用系统工程的方法对其进行规划、分析、设计、开发、维护、更新和升级。此外,图书馆的移动服务系统也是整个图书馆系统的子系统,其建设应纳入图书馆数字化系统的整体建设之中,与其他数字化服务系统紧密结合,实现协调发展。

(二)图书馆移动信息服务的管理

1.将移动信息服务纳入图书馆的系统管理

管理是确保服务持续发展的关键所在。图书馆在构建了移动信息服务系统之后,必须加强对移动信息服务的管控,其中包括系统的技术管理和运营管理。技术管理涵盖了系统的运行维护、更新升级等环节,而运营管理则涉及移动服务内容的更新建设、用户研究与用户管理、服务管理、人才队伍管理、资金管理以及管理制度的建立等方面。遗憾的是,目前我国不少开展移动信息服务的图书馆往往忽视了移动信息服务的管理,过于重视建设而轻视了管理,导致移动信息服务系统未能发挥出其应有的效益。因此,图书馆应该将移动信息服务与文献信息服务、数字图书馆服务等一并纳入图书馆的整体管理体系,通过科学的管理保证移动信息服务系统的健康发展,有效提升

用户的满意度。

2.不断改进图书馆移动信息服务的方法与策略

服务管理是图书馆移动信息服务不可或缺的一部分。当前，图书馆在主动服务、个性化服务、协同服务、整合与互动性服务等方面存在一些不足之处，需要加强管理。为了提高服务质量和用户体验，图书馆应该在服务管理方面进行进一步的改进和加强。

（1）提高服务的主动性，比如提供用户定制分类信息的服务，主动推送所需信息内容；将图书馆移动信息服务嵌入到有影响力的公众移动信息门户中进行推广；根据用户需求，主动整合社会信息资源，提供延伸性服务；主动创造条件向非注册的社会公众开放图书馆移动信息服务等等。

（2）加强个性化服务的提供，以满足用户在移动环境下的信息需求和行为特征，建立用户个性化信息行为模型，通过个性化移动门户、个性化定制、个性化查询与检索、个性化收藏等功能，提供个性化的服务体验。

（3）加强图书馆移动信息服务与传统文献服务、数字图书馆服务的协同合作，包括信息内容、信息技术、信息设备、信息人才等的协同合作。

（4）加强图书馆资源和服务整合，建立统一的图书馆移动服务门户。整合传统和数字化内容资源，集成图书馆系统或数据库供应商的移动信息服务系统，形成统一的用户服务窗口。

（5）加强图书馆服务的互动性。随着信息技术的进步，用户参与信息服务的积极性日益提高。手机等移动终端既可作为便捷的信息接收工具，也可作为信息服务参与工具。然而，我国图书馆目前开展的移动信息服务中，用户参与的比重还不高，未能充分发挥移动信息服务可随时参与的优势。因此，图书馆应在保持传统服务优势的基础上，加强与用户的互动，搭建图书馆用户移动互动服务平台，加大留言、建议、荐书、咨询、微博、用户论坛或社区等用户参与性服务的建设力度，以支持用户与图书馆员、用户与用户之间的即时交流、学习和娱乐活动，提高用户对图书馆服务的满意度。

3.加强宣传推广、用户培训、努力发展用户，提高用户使用率

当前，我国图书馆的移动信息服务效果不尽如人意，一个重要原因是宣传推广力度不足，导致用户使用率偏低。为改善这一状况，图书馆应该采取

多种途径进行宣传推广，例如通过馆内公告、网站宣传、讲座、参考咨询、入学教育等方式，特别是针对高校新生进行推广。此外，还应通过培训和即时咨询等方式，提高用户对移动信息服务的认知和使用能力。同时，利用公共媒体、各种新兴的网络平台以及移动信息服务平台，如论坛、博客、微博、即时通信等，进行广泛宣传，以促进更多图书馆用户了解和充分利用移动信息服务。

第四章　智慧图书馆的基础服务与创新

第一节　智慧图书馆的基础服务

智慧图书馆的根基性服务主要涵盖流通阅览事务、空间管理事务等。

流通阅览事务是图书馆最首要的读者服务工作，主要包括借阅图书和期刊等纸本藏书的事宜。流通阅览服务主要涉及智能书架、自助借还等事务。

一、智能书架

智能书架（Smart Bookshelf）是一种高效的在架图书管理系统，它利用高频无线射频技术（ISO/IEC 15693 RFID）实现图书单品级的物品识别。智能书架系统能完成馆藏图书监控、清点、图书查询定位、错架统计等功能，具有检测速度快、定位准确等特性，广泛应用于图书、档案、文件管理等领域。

智能书架配备多个 RFID 读写天线，可以读取书架上书本的 RFID 信息。一旦探测到某本书不在读取范围内，系统就会认为该书已被拿走。通过比对之前的读取信息，智能书架能准确判断书本何时被取走以及何时被归还。

借助智能书架这种高效的在架图书管理系统，图书馆可以实时统计书架上每本书的状态，并分析书本的使用率。这使得图书馆能完成许多以前无法实现的功能。

（一）智能书架产生的背景

传统图书馆通常使用条形码技术进行图书管理。在这种模式下，馆员根据《中国图书馆分类法》负责将图书上架，图书位置存储在数据库中作为类号。然而，这一模式存在一些问题。比如，图书的放置仅到达分类排架号的层级，而未具体到书架的特定节，导致读者在查找图书时花费较多时间。再比如，由于图书的人工上架，不可避免地会出现图书被放错书架的情况，使得读者通过数据库查找到的图书架号与实际位置不符，影响了借阅效率。此外，图书馆员的人工顺架方式不仅准确性较低，而且工作强度大。为解决这些问题，智能书架引入了高频 RFID 技术，可实现对在架图书进行单品级物品识别，提高图书管理的准确性和效率。

　　智能书架系统通过实时扫描、记录和更新书架上文献的架位信息，实现了文献的自动识别和快速清点，从而强化了文献的流通统计，提高了归还文献的定位速度，有效降低了错架率。这一系统利用 RFID 技术，真正实现了图书的定位管理。智能书架系统能够将每本书实时定位到具体层，使馆员在顺架工作中更加轻松，只需启动软件系统中的顺架功能即可，甚至可以自动启动顺架功能。对于读者而言，可以随时准确定位特定书籍所在的书架和层，从而大幅减少馆员的工作量，提高图书馆的管理效率。此外，这也能有效节省读者的借阅时间，充分发挥 RFID 在数字图书馆中的优势。

（二）智能书架的原理

　　智能书架利用 RFID 设备安装在书架上，可以读取每一本图书的 RFID 标签。这样，每层书架上的图书可以被遍历读取，不仅能够对馆内的图书进行实时清点，还实现了对图书的实时定位。由智能书架和图书馆管理系统组成的智能书架管理系统可以控制智能书架的工作状态，同时负责辨识书架上的图书信息。通过网络通信，识别的数据信息上报到图书馆管理系统并保存到系统服务器数据库中。智能书架采用了一些关键技术，包括天线阵列技术、多路切换技术以及电磁场信号控制技术等，这些技术能够实现准确的定位，并对每层 RFID 设备的读取范围进行有效控制，从而精准定位每本书籍。

　　智能书架通过后台软件实时跟踪图书信息，便于图书上架操作和强化图书管理的动态控制机制。读者在线查询图书位置和借阅状态，图书馆馆员查询错置的文献和图书并放回正确的位置，全馆清点无需人力和时间，系统自动统计分析清点资料。系统支持有线或无线 Wi-Fi 通信方式，所有图书馆信息可通过授权的有线网络查询。未来可通过 PDA 等无线设备连接，管理层可随时随地实时查询图书状态。读者可使用手机预订图书，系统提供精确的定位信息。

（三）智能书架的功能

1.智能书架系统可实现图书实时监控

智能书架系统，依托 TCP/IP 方式，进行集群部署，与图书馆管理系统建立实时数据通信，且运行受图书馆管理系统的调控。一旦 RFID 模块采集到图书标签信息，便将所采集的大量图书标签信息即刻传递给图书馆管理系统。该系统支持全天 24 小时在线监控。

2.智能书架系统可实现馆藏图书盘点、定位和快速查询

与图书馆自动化系统配合完成图书盘点工作，生成在架图书列表，自动提供给图书馆自动化系统，比对后生成遗失图书列表，自动更改单册状态，自动报警提示，生成在架和错架图书的所在正确位置列表。系统能够定时完成图书的定位工作，建立每本图书与层架的位置关系。读者在 OPAC 操作界面输入检索条件，可快速准确提供图书实时位置信息，支持多个图书馆系统文献联合查询，可根据多个关键词进行多级文献检索，支持图书位置查询、图书定位和智能路径提示、三维立体图形效果。

3.智能书架系统实现多媒体虚拟书架查询和电子资源展示功能

配液晶触摸显示屏，支持多媒体虚拟书架查询和电子资源展示。读者可通过显示屏查询图书实际位置，馆员可查询跟踪图书的在架、错架、上下架情况等。智能书架系统实现读者阅读习惯统计分析，天线采用隐藏式固定方式，外观无固定件和连接线，安装维护简单。数据统计分析能力按照图书馆数学模型对读者阅读习惯进行统计分析。智能书架系统实现与图书馆 RFID 系统无缝集成，集成了图书馆系统、智能书架系统、RFID 应用软件系统以及其他相关系统。搭建 RFID 应用和管理平台，实现对 RFID 系统的各个终端设备进行管理和监控，实时查看各设备和应用系统状态，实现历史记录报表和统计功能。RFID 扩展应用项目满足图书馆馆藏管理及流通业务需要，完成 8 大

主要功能。

二、自助借还服务

读者无需亲自到图书馆，通过自助图书馆服务机实现借书、还书、办理借书证等，享受预借送书服务。自助图书馆配备书架、还书箱和电脑操作台等，可存放几百本书，采用自助服务方式。

（一）自助借还服务的类型

1.自助借书

持有有效证件的读者可以通过自助图书馆书架借阅图书，就像在传统图书馆中借书一样。

2.自助还书

读者在图书馆或自助图书馆借的书都可以归还到任意一个自助图书馆。

3.申办新证

未办证读者可持身份证在自助机上办理新证。

4.预借服务

读者可通过图书馆查询机或网站查找所需图书，并可请求图书馆工作人员协助查找图书，然后将图书送到读者指定的自助图书馆。读者收到短信通知后，可直接前往自助图书馆取书。

5.查询服务

读者可通过图书馆查询机访问网站，查询图书馆信息和馆藏状况，并可提出预借请求。

（二）自助借还机的技术

自助借还机采用光、机、电一体化模块完成取、送操作，结合 RFID、身份证、卡识别技术，互联网传输技术、无线传输技术、数据库检索技术等。

第二节 智慧图书馆的嵌入式学科服务

图书馆的学科馆员服务在国外已有 50 年历史，国内也有 10 余年历史。近年来提出了学科服务的概念。2003 年张晓林教授提出学科化知识服务的概念，组织科技信息工作按科学研究而非文献工作流程，使信息服务学科化。这种服务称为"学科化知识服务"，将成为科研活动的有机部分，科技信息人员和组织成为科研伙伴，科技信息工作转移到基于需求、用户、科研过程、知识发现与集成的形态上，塑造一个开放整合、动态定制、协同交互、有机融合各种服务和手段、有机嵌入科研环境中的知识服务和知识管理机制。在此基础上，学科服务（或称学科化服务、学科信息服务）的概念出现，并成为图书馆界的研究热点。

学科服务是新型服务机制，与传统的学科馆员服务理念有所不同，但也有联系。学科服务面向学科组织，以学科馆员为主体开展。广义上，传统学科馆员服务可视为早期学科服务的基石。新型学科馆员及其学科服务是传统服务的延伸和深化。为方便研究，学者们将两者称为第一代和第二代学科馆员。

一、学科馆员产生的背景

学科馆员制度最早出现在美国，经历了区域问题参考馆员到分馆制下学科馆员的发展过程。1950 年，内布拉斯加大学图书馆设立了多名学科馆员，负责人文、社学、科学和技术以及教育等学科领域，这是学科馆员制度最公开、最正式的建立。到 1960 年，大多数美国大学图书馆都设立了学科馆员，并进行了分馆制或"准分馆制"的重组。1966 年印第安纳大学图书馆新设立了 10 个学科馆员岗位，负责为教研人员和研究生选取文献资料，提供参考咨询和书目服务，并作为"图书馆与他们所负责的院系之间交流的主要渠道"。学科馆员制度随后开始普遍推开，2007 年 ARL 的 63 个研究图书馆中 94%的图书馆都提供了学科服务。

我国学科馆员建设起步晚，1998 年清华大学图书馆开始实行学科馆员制度，随后多所大学进行了尝试并取得成功经验。2008 年龚主杰调研 105 所"211工程"高校图书馆，发现仅 21%设立了学科馆员，22 所高校图书馆共设有 299名学科馆员，平均每所图书馆有 13.59 名。我国图书馆界学科馆员制度的发展并不迅速。

二、学科馆员的内涵

张晓林教授提出学科化服务的概念，它以用户为中心，面向服务领域及服务机构，组建灵活的学科单元，整合传统图书馆职能部门，使信息服务由粗放型管理转向学科化、集约化管理，方便学科馆员提供更深入、更精细的服务。该概念得到了广泛认可。

三、学科馆员的职责

学科馆员的职责主要涵盖两个方面：专业学科联络和参考帮助。在美国图书馆协会 2000 年的指导书中，学科馆员的工作被定义为评价馆藏资源，以提高用户需求的满足率。康涅狄格大学于 2001 年描述了学科馆员的职责，将其定位为图书馆员队伍中的主要学术联络人，负责促进教师、学生与学科馆员之间的沟通交流，以更好地获取学科信息的指导和帮助。在清华大学图书馆，学科馆员的职责包括每学期为教师和研究生提供有关利用图书馆和文献资源的培训讲座，及时向对口院系宣传、通告图书馆新增的文献资源和服务，编写相关学科的读者参考资料和使用指南，收集、整理、通告相关学科的网络资源，以及定期征求对口院系对图书馆资源建设和服务的意见和要求。总体而言，国外高校学科馆员的职责涵盖了图书馆和院系/所之间的联络、学科信息资源服务、学科信息素养教育、馆藏资源建设以及参考咨询服务等多个方面。

尽管对图书馆学科馆员的职责描述各有差异，但总体上，其主要职责可归纳为以下几个方面：

（1）学科联络与沟通：在图书馆与院系之间发挥桥梁作用，收集整理院系对图书馆建设的意见和建议，并及时向学科用户推广图书馆的资源和服务。

（2）文献资源建设：与学科用户保持密切联系，参与学科的纸本和电子资源建设，不断优化馆藏资源。

（3）信息素养教育：为学科用户开设文献检索课程和信息素质讲座，提高用户的信息素养水平。

（4）咨询服务：随时解答学科用户在利用图书馆过程中遇到的问题，提供高效的咨询服务。

（5）个性化信息服务：根据教学和科研需要，为学科用户提供科技查询、文献检索、定题服务和其他个性化服务。

四、学科馆员的服务模式与宣传推广

费业昆提出了一种基于专业网站和个性化信息服务的学科馆员服务模式，该模式整合了专业信息服务中心、专业信息资源导航、网络检索工具以及图书馆资源等多个方面，为用户提供包括新书通报、定题服务、新闻服务和个性化界面等功能。李夕琳则阐述了一种面向专家和课题组的个性化信息服务模式，根据用户的学科背景、需求和信息素质等特点，提供专门的、针对性的个性化服务，并将其集成形成图书馆个性化信息资源系统。在张永彬的研究中，他建立了一种学科馆员专业化与馆藏专业化相结合的服务模式，通过设立专业学科阅览室，由学科馆员负责提供服务，实行学科文献的"采编浏阅一体化"管理模式。这些服务模式在不同方面满足了用户的需求，包括专业信息的获取、个性化服务和学科阅览室的建设。

中科院图书馆学科馆员采用多种方式提供服务，包括面谈、电话咨询、网上咨询和虚拟信息平台。通过业务名片、宣传品、馆长推荐信、学科馆员网页、学科服务站、小礼品等工具与手段，进行学科馆员服务的宣传推广。清华大学图书馆学科馆员通过走访、午餐会、邮件联系、学科服务网页等方式，并利用校内媒体如讲座、宣传月活动资料、图书馆主页、宣传品、海报、馆刊、RSS 等进行宣传推广。中国人民大学图书馆学科馆员主要通过走访联系对口院系、电话与 E-mail 联系、图书馆网站、图书馆宣传资料，参加对口院系的学术会议等方式，并与科研处等职能部门联络，对学科服务和学科信息资源进行宣传推广。各馆学科馆员通过多种渠道和方式进行学科资源和学科服务的推广，常见的宣传渠道包括图书馆的网站、宣传品和小纪念品，学校的各种媒体，并通过面谈、走访、电话以及参加院系及职能部门的会议等机会进行宣传推广。

五、嵌入用户的学科服务

1993 年，Tom Daveaport 和 Larry Prusak 提出了图书馆员应走出图书馆、主动了解信息需求者和拥有者并帮助他们相互联系等建议。同年，Michel Bauwens 介绍了作为图书馆员在图书馆之外通过网络服务用户的经历。此后，嵌入式（embedded）一词被用来描述这种新型服务模式和岗位。David Shumake 将图书馆嵌入式服务分为物理嵌入、组织嵌入和虚拟嵌入三种。学科馆员应成为嵌入式馆员，从事嵌入式咨询、教学和科研服务，同时参考馆员也可以是嵌入式馆员。嵌入式馆员的服务将为用户营造良好的学习工作环境，并在日常生活中发挥积极作用。一些图书馆已尝试将服务嵌入用户的虚拟空间，如国家图书馆设计的桌面式信息服务系统和欧美手机图书馆先导计划。

第三节　移动图书馆服务模式

移动技术的飞跃，使得社会公众得以真正实现随时随地接入移动通信网络的愿望。移动上网已经普及到生活的各个领域，逐渐发展成为社会公众的一种日常生活方式。以图书馆为例：公众已经习惯于在候车、排队、用餐等零散时间查询图书馆馆藏资源、个人借阅信息；休息之前，通过 WAP 网站阅读电子书、欣赏移动图书馆所提供的高品质音乐、视频等文化资源正成为公众放松身心、娱乐自我、缓解工作压力的重要途径。功能强大、种类繁多的移动服务已经将用户与移动通信网络紧密相连——移动技术的进步不仅深刻地改变了用户利用网络的方式，而且正在潜移默化地影响着用户的传统生活。

作为保障信息公平与知识权利的公益性社会机构，图书馆能否抓住移动技术发展所带来的机遇，创新其服务模式，拓展服务功能，向全社会提供普遍均等、超越时空限制的知识服务，正成为其当前所面临的最紧迫的理论与实践课题。通过对我国移动图书馆服务模式发展的现状进行深入考察，力图把握其发展轨迹、基本现状、存在的问题与影响因素，进而为我国移动图书馆的健康发展提供可资借鉴的理论依据。

移动图书馆服务模式是图书馆采取的不同类型的移动服务实现方式，伴随着无线网络通信技术的进步。

一、移动图书馆服务模式比较分析

移动图书馆提供短信、WAP网站和客户端应用三种服务模式，它们在实现方式、网络接入技术和移动终端方面存在差异，呈逐渐递增的趋势。研究结果表明，用户获取普遍均等服务受到网络接入技术、移动终端、利用素养和技能等因素的影响。

本节结合当前移动图书馆服务模式的特点与现状，选取了移动通信网络、移动终端、成本、利用素养与技能等4个具体指标进行详细比较研究，旨在揭示这些服务模式在为社会公众提供广泛均等服务方面的限制和不足之处。

（一）短信服务模式

短信服务模式是一种历史悠久、普及程度高的信息传递方式，广泛应用于各种领域。它对网络和移动终端要求较低，使得用户范围广泛。短信服务的成本较低，使得普通公众也能够负担得起使用费用。同时，短信服务的操作简单方便，使得用户无需具备高技能或高素养。然而，随着时代的发展，主要以文本方式传递信息的短信服务逐渐难以满足用户的需求。因此，为了满足用户需求，需要开发更加先进的信息服务方式。

（二）WAP 网站服务模式

WAP 网站服务模式是一种宽带方式传输数据的服务方式，也是移动网民利用互联网与移动图书馆的主要方式。

（1）WAP 网站服务模式相较于短信服务模式更为要求网络接入环境，最佳情况是能够提供带宽、速率和吞吐率等多方面性能较好的移动通信网络。

（2）WAP 网站服务模式要求用户使用具备上网功能的智能手机，通过手机访问专用和通用网站来获取信息服务。用户的移动终端需配置浏览器、QQ 等网络应用程序。

（3）WAP 网站服务模式的成本相对较高，主要体现在较高的上网流量和以 KB 为计量单位的计费方式。这导致许多移动用户更倾向于选择包月套餐，以降低使用成本。

（4）普通学生和早期接触互联网的用户能够轻松利用移动互联网，但缺乏技能和素养的人群以及不熟悉移动图书馆网站设计界面的社会公众则会遇到利用难度。WAP 网站服务模式增加了他们的利用难度。

（三）客户端应用服务模式

客户端应用是移动图书馆、数字图书馆与移动终端应用融合的产物，具有避免重复输入网址、扩展性强、内容丰富、功能强大等特点，是当前移动图书馆技术最先进、功能最强大的服务模式。

（1）移动通信网络，与前两种服务模式相比，客户端应用服务模式对网络接入环境的要求较高，最好是支持多媒体和超媒体应用的 4G 或最新一代的 5G 移动通信网络。

（2）移动终端的软件应用丰富，但背后有着高门槛，需要具备高配置和高性能的处理器以及操作系统，才能满足客户端应用对应用处理和网络流量的需求。

（3）成本，高端网络应用（包括多媒体和超媒体）导致了高负荷的网络流量和昂贵的上网费用，这使得普通社会公众难以承担接入移动通信网络、购买和维护移动终端设备以及使用移动图书馆服务所带来的高成本。

（4）利用技能和素养，通过点击应用图标即可接入和使用图书馆等移动互联网资源，适合熟悉计算机和移动网络环境的资深网民。但对于接触互联网较晚的社会公众来说，需要重新学习和掌握客户端应用的界面和操作习惯，增加了利用负担。

二、移动图书馆的服务模式

（一）移动图书馆服务模式设计的出发点

1.着重关注服务受众的差异性

目前，社会公众在移动通信网络硬件条件方面存在着明显的差异，特别是在移动通信网络和移动终端的占有与使用上。这种差异导致了三种主要的用户群体，并决定了它们可以利用的服务模式。第一类是使用普通的 GSM 服务网络和仅能完成语音与短信功能的基础手机的用户群体，占据相当大的社会成员比例。第二类是拥有高性能智能手机的用户群体，主要包括在校学生或早期互联网用户，他们对移动互联网有强烈兴趣，习惯使用 WAP 服务模式访问图书馆资源。第三类用户是紧随移动通信技术潮流的移动网民，通常具有高文化水平、高收入水平和较长的移动网络使用经验。他们拥有高端移动终端，如 IPAD 等，倾向于通过客户端应用模式接入移动图书馆。服务受众的明显差异性以及他们在利用图书馆服务模式方面的属性特点，成为设计和优化移动图书馆服务模式的重要依据。

2.努力创造"移动服务机遇"

社会大众在理解和掌握移动通信技术方面存在差距，导致了实际上的利用素养和技能鸿沟。这种鸿沟不仅影响了公众获取和利用移动信息与知识的能力，还妨碍了他们从中获益、参与社会生活以及进行创造性活动的权利和机会。这构成了新一代移动弱势群体。因此，消除公众在利用移动服务方面的素养和技能障碍，努力创造"移动服务机遇"，减少知识贫困、社会分化和排斥现象，保护弱势群体利用信息与知识的权利，成为移动图书馆服务模式设计的重要战略。

（二）移动图书馆服务模式框架

图书馆移动服务模式设计应从用户第一的角度出发，兼顾各层次服务对象的需求和基础条件，简化公众接入和使用移动通信网络的门槛，消除技能障碍，设计层次感、多样化、稳定、普适性和惠民性的服务模式。

本节设计了移动互联网环境下的移动图书馆服务模式，结合非网络常规服务和网络服务，提供移动信息服务。用户可以通过电话、短信等基础服务实现图书馆传统服务功能，如馆藏查询、预约、续借、用户信息查询等，同时还可以通过 WAP 网站、客户端应用享受更深层次服务，如位置定位、二维码、流媒体等。移动信息服务系统包括非网络常规服务平台、短信平台与 WAP 网站服务平台、客户端应用服务平台 4 大功能模块，能够满足各类图书馆服务对象的需求。

1.传统服务模式下的"移动扶贫"

为有效推动"移动扶贫"工作，图书馆可以采取以下措施：

（1）设立社区分馆技术服务中心，为那些无法购买电脑或移动终端的人提供相关设备以及操作技能培训。

（2）提供免费或其他形式的移动终端设备和网络接入服务。图书馆可以以低廉或免费的价格向公众提供电脑和移动设备，并在馆内建设免费的 Wi-Fi 和 WLAN 环境，尤其在实体馆的小范围内率先实施"移动信息扶贫"计划。

（3）图书馆积极组织移动信息技术和移动图书馆服务内容的培训活动。通过举办讲座、分发宣传材料、提供课程光盘等方式，增强社会公众对移动信息的认知，提升他们的移动素养和利用技能，逐步减少他们对移动图书馆服务的抵触情绪，培养可接受性和亲和力。

通过传统的服务模式，那些没有电脑和终端设备，缺乏利用技能的社会公众也能够充分利用移动图书馆的信息服务。

2.短信服务模式

短信服务模式的固有不足及其僵化的特性，显著地限制了其服务功能和效果，导致其逐渐淡出数字时代移动图书馆服务的主流。尽管如此，在当前数字化社会中，许多人仍然无法轻松接入移动互联网，因此短信服务模式仍然是一种对广大社会公众依然有效的移动图书馆服务方式。图书馆应该深入挖掘短信服务模式的潜力，通过对传统服务功能的重新组合和改造，使其拓展到短信和电话语音服务领域，使这些服务承载更为丰富和多样的动态内容和功能。这样一来，图书馆的移动服务就能够更主动、更广泛、更贴近用户。

第五章 智慧图书馆知识服务延伸情境研究

第一节 智慧图书馆知识服务延伸机理

　　智慧图书馆的知识服务是传统图书馆知识服务的延伸，旨在满足特定用户的信息需求。其核心是为用户提供更适用的知识资源，实质上是图书馆员将隐性知识向用户转移的过程。这种服务机制是知识从高势能主体向低势能主体转移的创新形式。本研究运用系统理论和系统动力学等分析方法，研究智慧图书馆知识服务延伸的机理，并构建了相应的系统动力学模型，为中国图书馆事业的发展提供新的理论视角，推动图书馆内部结构的优化与功能的升级。

一、智慧图书馆知识服务延伸的目标与原则

　　（一）智慧图书馆知识服务延伸的目标

　　智慧图书馆知识服务延伸的实现需要从资源驱动型向服务主导型的转变，包括资源建设、资源形态以及服务内容的调整。同时，该延伸还要着重提升服务质量和效率，将关注重心从平台技术、资源内容和服务程度跃迁至用户需求，以最终目标满足用户日益多样化和个性化的需求。具体实现方式包括利用物联网技术实现资源数据化、建立数据库，进行大数据的存储和计算，形成可靠的信息资源。通过资源的重组和再造，构建知识库体系，实现信息的知识化。在情境感知的基础上，建立精准化服务平台，提供个性化的知识服务产品，实现知识的智慧化。最后，通过大数据分析工具和机器学习，挖

掘用户偏好，推荐个性化知识产品，实现更为精准的服务。

互联情境是智慧图书馆知识服务情境功能的技术支持。物联网的普及和易用的知识服务平台决定了互联情境的无障碍化联通。资源情境则构成智慧图书馆知识服务的物质基础，通过资源的重组和再造提高资源内容质量，促进用户进行知识挖掘、知识联想、知识利用和知识创造等活动。人力资源在智慧图书馆知识服务延伸中扮演关键角色，是应用新兴技术于知识服务过程、进行资源再造、知识创造和智慧服务的核心。服务情境是技术互联情境和资源情境相互作用下的产物，体现智慧图书馆知识服务的最终绩效，包括服务个性化和精准化适配激励功能。互联情境、资源情境和服务情境在智慧图书馆知识服务延伸机制中相互交叉融合，共同影响知识服务水平以及用户的感知体验和满意度。

在新的技术环境下，为了满足用户需求，需要关注以下四个方面：

1.平台与技术升级

提高用户的感知易用性，支持不同类型的互联终端、地理空间环境、时段的交互，满足不同用户的需求，保证设备的易用性和兼容性、流畅性、反应速度以及安全性等，设计更加符合人性化要求的操作界面。

2.资源建设质量

通过监管资源采购与组织活动，实现资源内容的精细化重组与语义化情境再造，提高资源利用的针对性，保证资源的更新速度和专业水准。

3.人力资源培养

加强专业馆员的培养，提高其服务能力和技术水平，使其能够主导图书馆服务的广度和深度。

4.服务激励与适配性

通过优化服务资源情境和升级互联情境，吸引和带动知识服务主客体以更加热情的态度投入到智慧图书馆知识服务的实践中去，从而完善和发展知识服务的内容和功能。同时提供服务情境的个性化，根据用户个性情境进行"私人定制"。

（二）智慧图书馆知识服务延伸的原则

智慧图书馆知识服务以用户为中心，致力于满足用户的需求和提供良好的感知体验。为了提高知识服务的质量，需要遵循以下设计原则：

1.用户需求导向原则

智慧图书馆知识服务应该以用户的需求为导向，深入挖掘用户的需求，提供符合用户实际需求的服务。同时，要充分发挥用户的能动性，鼓励用户参与到服务过程中来，提供反馈和建议，不断完善服务。

2.包容性原则

在服务流程尚未标准化之前，出现一些问题是难免的。各方应该以包容的态度面对这些问题，积极解决问题并不断完善服务。

3.互联情境易用性原则

智慧图书馆知识服务应该实现突破时空限制的泛在层面的利用，更加人性化、便捷化，随时随地实现跨平台与多情境的信息资源共享、协同创造与开发。

4.资源重组与再造有用性原则

为了提高信息资源的利用率和实现资源情境功能在知识服务中的作用，需要对资源进行重组和再造，使其更具知识性、专业性、智慧性以及可视化。

5.服务适配性原则

服务适配可以激发用户持续使用的兴趣，是智慧图书馆知识服务流程标准化和情境内容个性化、精准化的发展方向，也是实现智慧图书馆知识服务绩效的重要保障。

6.情境功能拓展性原则

通过信息交互行为可以减少知识服务过程中的磨合与无序行为，增强服务的愉悦性与自适应匹配功能，促进用户在智慧图书馆知识服务情境中的良好感知生成。

二、智慧图书馆知识服务延伸的关键要素分析

知识服务要素通常包括知识服务主体、知识服务本体、知识服务媒体、知识服务空间和知识服务受体这五个要素。本文基于知识生态系统的相关理论，结合智慧图书馆知识服务延伸的特点，将智慧图书馆的知识生态要素定义为知识服务主体、知识服务本体、知识服务媒体、知识服务空间和知识服务受体。

（一）知识服务延伸主体要素

知识服务主体是运用新媒体信息技术，为用户收集信息和获取知识提供协助的专业馆员和其他用户，同时也是对知识服务进行管理的实体。

1.专业馆员

专业馆员是拥有专业知识和技能的馆员，他们运用自身专业能力为知识服务用户提供更专业的支持，充当知识服务延伸的引领者。这些馆员通常具备图书情报分析的能力，掌握数据分析、知识挖掘等专业服务技能，是推动知识服务发展的核心力量。

2.用户个体

用户在智慧图书馆知识服务中扮演着重要的角色，他们不仅是知识服务的接收者，还是进行协同创造和知识共享的主体。用户具有多重身份，包括知识服务信息的生成者、传递者、分解者、参与者，以及知识创造的合作伙伴。由于用户的数量众多，时空分布广泛，他们的影响力在不断扩大。

（二）知识服务延伸本体要素

知识服务的本体是知识服务主体在知识服务空间为满足用户个性化和层次化需求提供的具体内容。智慧图书馆的知识服务包括两大类信息，一是第一手建立的传统特色库资源，二是通过资源再造在新媒体形式下形成的新的知识产品。

1.资源特色库

智慧图书馆用户的使用意愿受到资源内容全面性和新颖性的影响，因此

需要及时更新、丰富和扩充资源，以确保用户能够跟进学科前沿动态。资源的优化不仅可以提高用户黏性，还能增强图书馆的吸引力和凝聚力。评估标准还包括资源的可靠性、准确性和特色度。通过建立专题库、机构库等知识库，形成每个智慧图书馆独有的资源特色，可以提高知识服务交互信息的独特性、准确性和实用性。

2.资源再造产品

互联端新媒体形式信息内容形式变化大，包括文本、图片、视频和音频等，可组合以提高获取效率。信息具有短小精悍、高速灵活、属性多样等特性，赋予用户更多选择。资源再造形成内容精细化重组，进行元数据化归拢、语义化关联，建立情境化资源库形成信息的知识化和可视化。

检索、分析利用以及个性化推送在智慧图书馆中发挥着重要作用。通过信息关联和语义强化，可以发现信息资源的知识价值属性。采用可视化归拢和聚类算法进行资源内容的整合加工，以保证资源内容的精细化和个性化重组，最终实现可视化的资源再造。这些产品在智慧图书馆知识服务延伸中起着重要的支持作用。

（三）知识服务延伸媒体要素

知识服务媒体是指信息的传播载体和通道，有助于信息在生产者、传递者、分解者和消费者之间的流通，同时也是处理信息本体的工具和技术方法的总称。在智慧图书馆知识服务延伸中，媒体主要分为两大类，即互联端工具和知识服务技术平台。

1.互联端工具

互联端工具包括智能手机、平板和信息传感设备，这些工具应用了互联通信技术、物联网和智能制造技术，从而实现了信息的生产与传播消费。智能手机具有普遍性和易接触性，便于进行知识服务的信息生产与传播消费；平板设备如 iPad 则具备适宜的屏幕、轻巧可移动的特点，而且布局合理，色彩与文字美观；信息传感设备则借助无线和互联网络，通过扫描二维码和应用定位功能智能控制与处理，实现信息的获取。信息传感设备通常是在协助或辅助信息生产方面起到间接作用。

2.知识服务技术平台

知识服务技术平台是集资源与知识管理于一体的交互平台，支持多设备跨连、互联和切换，改进优化控件弹性及文字、图片在不同屏幕切换缩放的适应性、流畅性、匹配性、灵敏性，捕捉用户行为并即时反馈，动态升级改进系统。流行的知识服务交互平台有云舟域空间知识服务系统、超星学习通，具备互动性、创意性和知识的精准性，拥有较强的用户黏性等优势。

（四）知识服务延伸空间要素

智慧图书馆知识服务延伸的空间要素指的是依赖于场所和空间的因素。随着万物互联和通信技术的普及，用户在现实世界和虚拟世界之间的衔接逐步无缝，智能终端所创造的数字虚拟环境成为现实环境的镜像。这形成了信息伦理、信息时空以及信息制度等空间要素，导致数字时代出现了"信息环境的环境化"这一独特的社会现象。

1.信息时空

信息时空是知识服务用户在信息活动中的空间，允许用户筛选、借阅、保存数字资源，并可实时评论、分享、转发和记述互动。它具有自主性和自组织性，可不断合理化。

2.信息伦理

信息伦理依靠信念和修养维系，不具备强制性，属于道德层面，由主客观两个方面组成，是协调馆员、用户的信息关系过程中存在的规则约束、准则要求等。每所图书馆都会传承和定位自己的服务伦理与传统习惯。

3.信息制度

信息制度包括信息政策和信息法律，约束信息人行为，调控信息产业。信息政策渗透各个环节，规定行为规范；信息法律仲裁信息法律关系。

（五）知识服务延伸受体要素

知识服务受体是在知识生态因素共同作用下接受知识服务活动的对象，通常指用户。随着市场经济的发展和用户至上时代的到来，用户在知识服务活动中的价值和地位日益受到重视。服务理念中强调"用户是上帝""以用户为中心"成为图书馆所秉持的理念之一。在智慧图书馆的知识服务延伸中，知识服务受体一般包括在知识服务平台和互联工具端接受各种服务的学生、教师、科研人员和一般大众。

智慧图书馆知识服务延伸受体的需求在互联网、新媒体、知识服务技术平台、馆员、信息时空、信息伦理和信息制度的多重作用下不断拓展。同时，由于个体知识结构的差异，智慧图书馆知识服务延伸受体具有层次性和个性化特征。

用户之间的主体与受体关系是相对的，知识服务延伸的受体与服务主体之间有时会相互转换。例如，在利用知识服务平台进行知识共享与协同创造时，用户与用户之间的角色会不断转换。因此，用户在接受知识服务时是受体，但在与别人共享和协同时可能会成为主体。

三、智慧图书馆知识服务延伸的内生动力

系统理论用于定量分析系统功能，有助于发现共同特征、普遍性原理以及基础性、通用性模型。系统被描述为一定结构形式的若干要素组成，具备特定功能，包括系统、要素、结构和功能。系统内部要素之间存在反馈作用，形成因果关系，因此需要从内部结构中寻找问题的根源。

智慧图书馆知识服务延伸是一个受多种要素影响的多元函数，具有因果和关联关系，并符合系统动力学原理和方法的要求。因此，可以将智慧图书馆知识服务延伸与用户交互体验行为视为一个复杂的动力学系统。该系统中的不同要素对智慧图书馆知识服务效果的驱动有差异，有直接驱动、间接驱动，会产生不同的驱动效果。

智慧图书馆知识服务延伸的动因分为内部和外部两个方面。内部动因主要来自用户群体需求、知识结构、服务内容和功能、馆员自身价值提升及其知识结构等方面的变化，以及用户对智慧图书馆知识服务易用性、资源利用的实用性、情境服务的激励感知的变化。外部动因涉及新型知识服务的大数据环境、智慧图书馆的软硬件环境、新型知识服务方式、新型知识服务信息资源、空间再造功能和技术环境等方面。

（一）智慧图书馆知识服务延伸内生动力类型

智慧图书馆知识服务延伸的内生动力指与知识服务延伸直接相关的、在知识服务生态系统中产生的推动或阻碍力。这种动力是用户和知识服务主体内部持续使用行为的感知力量。典型的内生动力包括用户对知识需求的推动力，以及用户在使用智慧图书馆知识服务平台时对易用性、有用性和激励的感知推动力。

内生动力类型包括用户感知的智慧图书馆知识服务行为的易用性、有用性和感知激励，影响智慧图书馆知识服务行为的内生的潜变量。用户满意度对维持和推动知识服务生态系统稳定和发展有决定性影响，是智慧图书馆知识服务延伸的主要驱动力量，推动知识服务发展的基础力量。

（二）智慧图书馆知识服务延伸内生动力影响因素

智慧图书馆知识服务延伸的内生动力受到用户知识需求的互联性、泛在化、共享性、知识融合、智能化、创新等特征的正向影响。用户特质也是智慧图书馆知识服务持续行为的重要影响因素，包括用户已有知识结构和创新能力，对感知易用性和感知激励有显著影响。社会身份是影响用户使用新技术和系统的关键因素，对感知易用性和感知激励有显著影响。智慧图书馆知识服务的内容，包括基础的资源服务和专业技能服务，这是影响用户持续使用行为的重要影响因素。

（三）智慧图书馆知识服务延伸内生动力机理模型

基于用户与智慧图书馆知识服务系统交互功能的作用机理以及智慧图书馆知识服务系统交互功能对用户行为的影响，本模型从用户与智慧图书馆知识服务系统交互过程的不同情境维度适配进行构建，特别关注智慧图书馆知识服务的易用性、有用性和激励。用户是知识服务延伸的最基本、最活跃的参与者。相应地，模型强调了增强智慧图书馆知识服务功能与用户信息交互行为之间关联作用的易用性、有用性和激励。这包括时空系统的易用性、支撑系统的易用性、资源建设系统的有用性、资源再造系统的有用性、服务系统的标准化激励和服务系统的个性化激励性。

　　智慧图书馆知识服务系统的交互功能紧密关联用户信息交互行为，通过呈现知识服务的信息和用户的自我感知来确定交互行为的发生。用户对交互体验和期望的比较结果将影响对系统功能和服务激励水平的评估。在信息交互过程中，用户会对定制信息的交互式服务提供反馈并进行调整。提升智慧图书馆知识服务的功能要素有助于促进用户的数据互联、知识构建和智慧生成，对用户信息交互行为产生影响。用户的知识需求呈现新特点，其交互行为与知识服务情境的易用性、有用性和激励性紧密耦合。用户的心理感受、满意度以及反映知识服务质量的良好体验是智慧图书馆知识服务延伸内生动力发生作用的全过程。

四、智慧图书馆知识服务延伸的外生动力

　　智慧图书馆知识服务延伸外生动力是指由外部作用力推动对知识服务生态系统的力量。外生动力类型分为信息动力、用户动力、信息技术动力和信息环境动力，对应图书馆供给侧四要素：基础资源、人才、技术和空间。系统理论认为，系统要素相互作用是系统演变的动力来源。图书馆供给侧四要素是建构图书馆服务模式演变机理系统的基础，决定图书馆服务水平和层次。提升图书馆服务能力、增强服务功能与服务效果需升级系统要素和调整结构。

　　（一）智慧图书馆知识服务延伸外生动力类型

　　知识服务主体动力分为三类：专业馆员、用户个体和知识服务管控主体（专家）。信息动力分为：传统资源信息和再造资源信息推动力；信息技术动力分为：服务平台、互联终端工具及计算技术等推动力；信息环境动力分为：信息时空、伦理与制度等推动力。用户个体和专家是知识服务信息接收者又是生产者，借助用户动力将知识扩散到接受者。智能互联终端作为信息传递的载体，为知识服务用户提供便捷服务。知识服务平台离不开技术支撑，制定新的信息制度加以保障服务运转，营造新的信息时空加以改变影响范围，理性化信息伦理规约和关系等外部动力，这些推动力融合作用形成信息环境

新的作用影响力。

（二）智慧图书馆知识服务延伸外生动力影响因素

外生动力的影响因素来自现有文献和专家意见。服务主体动力的影响因素是智慧图书馆知识服务平台参与者的知识结构，包括年龄、学历、职称和用户社会身份。再造资源的因素包括内容形式丰富性、内涵丰裕性、信息价值密度和信息质量。服务空间再造的影响因素是信息道德规范、信息制度健全的文化环境以及激发创意灵感的物理实体时空。信息技术推动力的影响因素是互联工具端共享的信息数量。知识服务平台和互联终端通信技术分别受到平台友好性、易用性、有用性和技术便捷性、先进性的影响。知识服务平台和终端工具的功能升级优化提供了不间断的信息技术动力，促进了智慧图书馆的可持续延伸发展。

五、智慧图书馆知识服务延伸路径与动力反馈机制

在事物的发展过程中，总是存在两种力量，一种是正向力量，推动事物向前发展；另一种是负向力量，阻碍事物的发展。下文将从这两种力量角度出发，对智慧图书馆知识服务延伸进行深入分析。

（一）智慧图书馆知识服务延伸动力反馈机制

智慧图书馆知识服务延伸是一个由多要素相互协同作用而成的综合体系，包括用户群体、服务主体、信息资源、服务内容等主要内容。用户的信息获取与利用行为感知影响用户的行为意向并强化接下来的持续行为，而互联情境、资源情境和服务情境的功能质量在用户的知识服务中发挥着直接的作用，并通过反馈机制对知识服务延伸体系产生影响。为了提升智慧图书馆知识服务延伸质量，需要构建、完善、变革与协调各情境功能。

智慧图书馆知识服务延伸的动力反馈机制包括输入、输出、交互和反馈系统这四个要素。

（1）输入系统是设计以用户需求为导向的服务情境，实现个性化信息需

求的功能。该过程根据用户对互联、资源和服务的具体要求，设计知识服务的各项功能，这是智慧图书馆知识服务延伸的目标。

（2）用户满意度是衡量互联情境、资源情境和服务情境整体反馈的重要标准，是知识服务绩效的评价结果，也是智慧图书馆知识服务延伸绩效与用户期望比较后评价的重点内容。

（3）用户与智慧图书馆的交互过程是一个相互感知、体验、修正和融合适应的阶段，涉及知识服务情境、用户心理、认知和行为等方面。在这个过程中，用户形成对平台设备情境、资源情境建设与重构、服务流程标准化和情境多样化、个性化程度的感知。这些感知影响用户对知识服务各环节和整体印象的形成，是评估智慧图书馆知识服务延伸绩效的主要因素。

（4）反馈环节是用户对智慧图书馆知识服务平台的感知体验反应及影响，激励因素和功能可促进用户继续利用意愿，反之则产生负向阻碍作用，影响行为发挥与绩效提升。正负作用是指导智慧图书馆知识服务改进和优化的关键。

智慧图书馆知识服务是多种力量共同作用的结果。用户的个性化需求直接影响着智慧图书馆知识服务延伸，而图书馆供给侧提供的互联设备、资源与服务是外在动力。用户体验与感知中的建设性主观认知和正当反馈起促进作用，而主观认知偏差或不当反馈起阻滞作用。资源情境中信息资源对每位用户的特征属性和价值大小是决定知识服务质量的关键。资源情境属性、利用率及发挥其内容价值是提升知识服务延伸质量的主要力量。互联情境中设备情境和技术水平是知识服务质量的基础性条件，在知识服务功能提升中起支撑作用。因此，需从资源情境建构入手，通过资源再造优化整个知识服务延伸的内在动力，同时考虑技术水平的提升。内外动力共同推动延伸服务的演化，且彼此之间相互制约牵引，提升服务的情境感知和用户体验满意度。内部和外部作用力作为影响智慧图书馆的双生且共生互助力量，彼此之间的匹配、协调、融合、互优是升华知识服务情境的关键。

（二）智慧图书馆知识服务延伸优化路径

1.互联情境易用性延伸优化路径

智慧图书馆基本特征是互联、智能化，源于知识服务平台建设的互联情境易用性。影响互联情境易用性因素包括空间利用限度、技术支持度、终端兼容性、设备易用性。提升交互易用性功能可从技术手段（物联网技术、云存储、云计算、人工智能等）和物理设备（平台、空间、物联网设备等）两方面进行。

智慧图书馆提升知识服务易用性可从技术易用性和设备易用性入手，优化子级指标以促进不同情境功能的优化，达到优化智慧图书馆知识服务互联情境的易用性功能。平台建设与内容创新可借助新技术与新方法，如物联网技术实现智能化识别、定位、追踪、监控和管理，增强互联情境的便捷可用、易用性功能。知识服务平台可借助信息传感设备及时、灵敏地捕捉用户空间位置，增加系统粘附性和交互性以及用户角色互换等，获取用户实时状态。Android 和 iOS 等系统的知识服务互联设备可实现文字、图片和控件弹性等形式资源的顺畅交换，增强便捷性，延伸了物理设备的易用性功能。

2.资源情境功能有用性延伸优化路径

智慧图书馆知识服务要求资源情境功能具有高度的有用性。低利用率可能影响用户满意度，并妨碍服务的顺利开展。因此，在延伸资源建设和资源再造时，应重点关注有用性功能的增强。有用性体现在资源的特色、新颖性、可靠性和全面性。加强监管、提高更新速度，并确保资源的客观性和真实性，都是关键因素。资源再造的有用性标准应包括元数据化、语义化、情境化和知识化。在设计功能延伸路径时，可以从加强语义化信息描述等方面入手。

智慧图书馆资源情境有用性功能优化需从资源建设与资源再造两方面进行。

资源建设方面，用户对智慧图书馆知识服务的使用意愿和兴趣受资源内容的全面性与新颖性影响，因此智慧图书馆应及时更新、丰富扩充资源库，并增加投入以提高自身的全面性、凝聚力、新颖性、吸引力、黏性，便于用户掌握前沿动态。同时，保障资源的权威性、可靠性、准确性和特色程度等客观性，应严谨把关第一手资料并甄别、考证、评估其来源和内容，保证质量和专业需求一致性。

资源再造方面，用户信息检索、数据分析、知识利用和个性化推荐离不开资源再造。资源再造的内容精细化重组涵盖了元数据化归拢和语义关联，以及为了信息知识化和可视化建立情景化资源库。可以通过可视化归拢、聚类算法进行资源内容的整合加工保证资源内容精细化、个性化重组的标准程度，通过信息关联与语义强化发现信息资源的知识价值属性，通过对资源内容精细化重组的可视化以提升资源利用的有用性，从而实现资源情境服务功能的延伸。

3.服务情境激励性延伸优化路径

智慧图书馆想实现多元化、层次化、个性化和精准化服务的目标，需要知识服务平台及时捕获用户需求并推送合理资源内容。在实现目标的过程中，人机交互服务情境的适配性和激励性设计是必要的。适配性包括服务流程标准化适配和激励，表现为稳定性、标准性、可移植性、可整合性等；服务内容个性化适配和激励，表现为适时适量性、友好性、便捷性、有效性、安全性、适应性等。因此，优化智慧图书馆的延伸路径需要从服务流程标准化和服务内容个性化角度进行。

智慧图书馆通过服务流程标准化和个性化适配，旨在提高适应不同情境交互服务的适配性和激励性功能。服务流程标准化方面包括平台的稳定性、安全性、友好性、可扩展性和可优化性等，以降低用户的时间和精力成本，使用户能够自由调度和使用资源内容，并及时更新采购等。个性化适配则根据用户需求提供友好界面、可操作的交互体验以及适时适量的服务内容，从而增强用户的黏性，实现服务的协调共创性能、适用性能和有效性能等。

六、智慧图书馆知识服务延伸机理系统模型

（一）智慧图书馆知识服务系统模型

智慧图书馆知识服务系统由物理层、资源层和服务层组成，各层相互关

联、协同运作。系统模型是对系统的描述、模仿和抽象，以确定的结构形式描述系统要素之间的关系。系统模型也由物理层、资源层、服务层三大层次构成，同时受互联情境、资源情境和服务情境三大情境的影响。其中，服务情境位于服务层，资源情境位于资源层，互联情境位于物理层。物理层提供物理空间和技术设备的基础保障，资源层提供实体资源和虚拟资源的保障，服务层是在互联情境和资源情境的基础上的融合，是智慧图书馆知识服务延伸的关键。

（二）智慧图书馆知识服务延伸机理系统模型

智慧图书馆知识服务延伸特点，基于系统动力学理论，对知识服务延伸要素和动力进行分析，构建智慧图书馆知识服务延伸机理系统模型。

智慧图书馆知识服务延伸路径是主线，智慧图书馆知识服务延伸要素为支撑，受体的需求拉动了知识服务延伸的发生，知识服务延伸动力推动了发展。要素为人—平台—人交互提供信息、物质、技术和环境支撑。当大数据环境激发用户需求时，将影响个性化需求，激励持续使用和参与知识服务行为。智慧图书馆知识服务系统的生态特性离不开内外动力的融合作用，持续助推知识服务系统的演进发展。

第二节　智慧图书馆知识服务延伸资源情境

一、智慧图书馆资源情境的内涵与要素

情境感知是智慧图书馆知识服务延伸的显著特点，体现在智能服务上，能够根据用户情境信息提供灵活、个性化的知识。资源情境作为图书馆知识服务的根基，包括资源建设情境和资源再造情境。在资源情境中，大数据环境催生了知识创新、技术创新和管理创新的新形态。科研第四范式的出现使信息来源更加依赖知识网络，开放创新和协同创造成为创新 2.0 模式下知识创新的发展方向，也是智慧图书馆知识服务延伸的情境因素。相较于 2.0，图书馆中的知识服务模式发展已经迈入 4.0 时代，用户的知识创造呈现出协同式创新模式。智慧图书馆知识服务延伸的任务是为智慧服务和协同创造提供资源保障与平台支撑。

智慧图书馆知识服务资源情境包括资源建设情境和资源再造情境。数据资源类型扩展到网络资源、MVS 数据、HPC 资源等，组织机制也需相应调整。资源再造情境建构是智慧图书馆知识服务延伸的关键，通过建立专题库等形成资源特色，提高推荐信息的准确程度、全面性和有用性，利用各种资源库、语义标签库以及用户行为模型库等定制各种个性化推荐策略，最终形成专业水准的新的知识产品库。

二、智慧图书馆资源情境的构成

（一）资源建设情境

资源建设情境建构主要关注基础资源情境的建设与优化配置，其中包括实体文献资源和虚拟电子资源。数据资源和资源组织机制是资源建设情境的两个重要方面。在智慧图书馆知识服务中，数据资源包括虚拟资源、深度学

习框架、HPC 资源和集成工具箱等。虚拟资源通过虚拟化技术加工处理，更有利于实现无缝连接，满足用户公开浏览和个性化获取需求，同时提升了资源管理的灵活性。Hadoop 分布式框架协同组织虚拟资源，为智慧图书馆知识服务提供了经济高效的计算平台，具备负载均衡和高并发处理能力，为新型信息资源的获取、组织和存储提供了基础支持。深度学习框架在图像描述、提取和处理等方面为智慧图书馆知识服务提供了有效的支持。

（二）资源再造情境

资源再造是提升智慧图书馆已有数据信息资源价值的重要过程，包括关联、重组、定制加工、制定规范策略和加工处理机制。以元数据化、语义化、情境化和知识化为标准，围绕这些标准因素从语义化信息描述、聚类、整合、关联、归拢和可视化技术的应用方面进行功能延伸。图书馆存储的文字、图像、视频等数字资源都可能成为再造对象，通过特征化标注、情境设计、关联算法重新定义这些信息资源。用户的个性化情境包括 ID、性别、年龄、学历等信息，建构智慧图书馆用户行为模式有助于进行个性化推荐服务。

资源再造情境在用户知识服务中扮演着关键角色，其重要性体现在开发和利用资源内容进行个性化推送服务。通过资源再造，内容被碎片化并进行重组，经过元数据化归拢和语义化关联，形成情境化资源库，实现信息的知识化和可视化，从而增值了资源的价值。采用可视化归拢和聚类算法，对资源情境进行整合加工，确保资源情境精准化和个性化重组的标准程度。通过信息关联和语义强化，实现对信息资源知识价值的增值，通过可视化呈现提高资源利用的有用性。这一过程实现了资源情境服务功能的延伸。

三、智慧图书馆资源情境建构的背景

智慧图书馆知识服务以数据、文献和电子资源为基础，追求个性化和深层次服务，利用现代化技术手段检索和传递电子资源，同时提供符合用户情境的新型资源。随着信息资源获取的开放共享程度提高，对虚实类型信息资源的特色需求也随之增加。资源情境建设是知识服务绩效评价的重要影响因素，强调情境关联的资源情境建设将成为智慧图书馆知识服务的关键发展方向。

图书馆资源情境趋势：第一，从以图书馆为中心拥有资源，向以用户需求为导向获取资源；第二，在资源形态上，从以纸质资源为主向纸质和电子资源合理搭配、空间再造和人员再造转变；第三，更突出学习共享空间、科研创新空间建设；第四，学习空间成为图书馆新型资源，图书馆员的专业知识和服务能力成为最重要的服务资源。

四、智慧图书馆资源情境建构目标

（一）重视需求在资源配置中的决定性作用

随着图书馆数字化转型，电子资源的利用率不断提升，但借阅量和入馆人次却呈下降趋势。用户需求的变化推动了图书馆资源和服务方式的调整，着重加强资源情境的新颖性和全面性建设，以提高用户的兴趣和参与意愿。强调用户需求在基础资源配置中的决定性作用，从以图书馆为中心的资源拥有向以用户需求为导向的资源获取方式转变，以提升资源的质量和效用，同时优化资源的供给结构。

（二）完善形式多样的资源情境建设制度

在信息技术的影响下，用户在获取和利用资源以及进行知识创造方面的方式发生了变化，他们更加注重知识内容而非仅限于文献。这导致资源形态从文献信息向数据知识的转变。为了适应这一变化，对纸质和电子资源的经费投入可以采取一抑一扬的调整计划。多元化的采购方式也应运而生，从拥有资源为主转向获取资源，可以选择购买或租用，其中购买的比重可以适度增加。学习资源的形态也在发生变化，涵盖了开放数据、网络课程、虚拟实验等多方面。在保存与评价资源方面，强调资源的开放获取与信息共享，以实现共建共享的目标。决策资源情境建设的依据主要是对资源情境的评价。为了提高资源的利用效用并优化资源结构，可以采取各种形式的结构性调整。

（三）实现资源的优化配置与情境再生

资源的重新组织和整合是从知识服务情境的角度对图书馆信息资源进行知识域的情境建构的过程。这包括对各学科分类和专题领域的知识集（包括碎片化信息、数据、文献等）进行专题情境下的主题聚类和细分，以实现个性化情境服务。

为优化资源构建，必须确保从数据采集源头开始进行语义关联与整合。通过应用数据挖掘技术，对各类业务、静态聚合、动态走向等数据信息资源进行精细的挖掘与加工，从而保证资源情境构建的实用性。在此基础上，提升资源情境化重组的标准和知识化程度，使用户能够更轻松地进行知识发现与意义建构，从而提高用户对智慧图书馆知识服务资源情境的实用性体验。智慧图书馆知识服务资源情境关联的目标是促进用户的知识发现和知识创造。通过对数据资源进行细粒度挖掘、主题化语义关联和专题化聚类，为智慧图书馆知识服务情境的多维揭示和应用奠定基础。最后，确保资源情境构建的可视化与可识别性，采用表格、图形和知识图谱等直观呈现形式，提供资源利用的可视化效果，帮助用户发现和创造知识，辅助决策，提高资源情境再造重组的实用性体验。

五、智慧图书馆资源情境建构模型

（一）资源情境建构方法概述

1.基于协同过滤的情境感知推荐技术

在推荐系统中，弱相似用户的概念是指两个用户在相同时间接收相同信息，表明他们对该信息具有相似兴趣，这被定义为关联信息。对于目标用户，找到 K 个弱相似用户，将他们喜欢的信息纳入推荐集。同样，将目标用户所有关联信息的弱相似用户及其相应信息加入推荐集。最后，通过一定算法对推荐集中的信息进行排序，选择 N 个最符合目标用户关联信息的进行推荐。一些学者在传统协同过滤中引入了情境信息，通过矩阵分解来寻找最近邻的协同过滤。也有学者提出了基于情境匹配的协同过滤算法，还有学者将基于资源内容的关联度和情境信息融入协同过滤中。综上所述，融入情境信息的推荐技术能够提升推荐精度，挖掘用户潜在兴趣。

2.基于内容的情境感知推荐技术

传统的推荐算法通常依靠获取用户偏好，通过计算用户与待测资源的相似度来进行推荐。与此不同，基于内容的情境感知推荐技术融入了用户在不同情境下对不同资源的偏好概率，从而推荐最适应当前情境的资源。一些学者运用贝叶斯网络来预测用户情境和资源之间的关联概率，以实现个性化推荐。同时，也有基于位置、性别、年龄、情绪等因素的推荐系统，特别适用于移动服务。

3.混合式情境感知推荐技术

研究者们通过混合呈现、加权、串联、组合等策略来研究多种推荐方法，以避免单一推荐方法的不足。例如，结合基于内容和基于知识过滤的情境感知，依据用户终端能力、网络条件、位置、活动状态等信息，为移动用户提供多媒体信息推荐服务；同时，混合基于知识、基于内容和基于协同过滤的情境感知推荐，实现加油站推荐系统。这种混合策略有助于提升推荐系统的综合性能。

（二）"用户—情境—资源"概念模型

智慧图书馆资源情境建构可分为三个主要阶段：资源建设、资源再造情境（用户—情境—资源模型）、资源利用（服务情境）。在传统用户—资源模型的基础上，用户—情境—资源模型引入了位置、时间、设备、网络、天气等情境信息，以提高资源信息的知识价值。该模型整合了用户—情境—资源的关系，并将情境因素纳入资源再造系统，以为不同情境和兴趣的用户推荐个性化信息服务，最终形成用户—情境—资源模型，是智慧图书馆实现信息资源个性化推荐的研究方向。

用户—情境—资源模型将用户、情境和资源整合在一起，经过资源再造情境的过程，通过递进的三阶段挖掘，将弱相似关系转化为强相似关系，将弱关联关系变为强关联关系，最终生成服务推荐的信息资源集合。该模型融合了情境感知和基于内容的推荐算法，通过利用情境信息和用户偏好，为用户推荐符合当前情境的信息资源。在推荐过程中，首先获取用户当前的情境信息，然后与用户的弱相似用户的偏好信息或历史情境信息进行匹配，得到当前用户情境下最匹配的信息资源推荐集。

六、智慧图书馆资源情境建构策略

（一）建立全面揭示资源内容的情境本体架构

利用本体对实体进行情境建模，以实现情境感知推荐。本体在多个领域已经成功应用，例如，基于 OWL 编码的情境本体模型已经在普适计算领域得到广泛应用。情境实体类可通过三元组变量进行形式化描述，一般情境实体可以涵盖用户类、环境空间类、资源类、互联终端类、服务类、技术类等被广泛接受的情境类。通过属性刻画中间件来描述实体情境，情境类定义了大部分普通情境实体及其属性，而属性值则可以转化为数据类型值。通过获取情境变量的属性值，可以实现情境的解释、推理，甚至辅助决策。建立情境本体架构有助于发现情境信息、资源内容和服务系统之间的匹配，有助于理解实体内容与关系，从而推动知识服务的延伸。

（二）实现"用户—情境—资源"的价值增值模式

将位置、时间、设备、网络、天气等情境信息纳入"用户—情境—资源"模型，丰富了资源属性的情境信息描述，提高了信息的知识含量，是资源再造情境的一种展现形式，也是提升资源利用效率的重要途径。该模型为不同情境和兴趣的用户推荐满足其需求的信息资源，使用户对资源的兴趣度与当前情境相匹配。通过引入情境因素构建用户—情境—资源的三元关系，提出了基于情境感知的资源再造算法，结合情境信息和传统的内容过滤，为用户推送适合当前情境的信息，提升信息利用的全面性、完整性和相关性。这旨在充分开发资源的情境信息，激活资源的沉没成本，挖掘资源价值，发挥资源的利用价值并使其增值。

（三）构建多维情境知识关联的新型资源网络

图书馆资源丰富，涵盖不同的载体、语种、学科和来源，因此需要进行多维情境建构，以揭示其内容关联的广度和深度。语义关系的丰富程度直接影响信息资源的关联程度和相似度，从而影响聚合效果。通过采用综合方法对数据资源进行细粒度挖掘、专题聚类和主题的语义关联，可以实现信息资源之间的有机联系和多维应用，从而增强其知识价值。实现资源情境的多维揭示与关联聚合是智慧图书馆实现知识创造、挖掘和发现的重要手段。着重从有序化、优化和可视化的角度出发，对资源蕴含的知识多维情境进行揭示，将情境信息视为资源附带的内涵丰富的本体进行建构。多维情境建构的关键在于从用户的角度出发，认同知识资源的主观价值，实现信息结构化描述与内容属性的有效匹配。强调信息资源语义关联的资源聚类以及再生资源情境的整合创新，为用户的资源利用提供更加结构化的知识网络情境。

（四）增强资源情境利用的可视化与可理解性

资源情境的构建需要注意信息的呈现方式，利用可视化工具和手段可以提升资源情境利用的可见性和可理解性。清晰直观的信息呈现有助于提高用户的记忆力、直观性，并减少学习成本，有效提高用户对信息的利用效率和理解效果。实现信息资源语义关联的揭示和资源的重组、再造是提高资源情境可视性的核心目标。通过可视化工具，可以揭示信息资源内在的知识关联，将文本信息转换为可视化形式，实现知识从整体到细节的逐层解析。这样的转换实现了信息资源的语义关联化和可视化转换，为信息资源情境的聚合提供支持。提高资源情境的可见性实际上是对资源信息的分解与增值过程，有助于增强资源内容的可理解性和可识别性，从而有效提升智慧图书馆信息资源的使用效率。

第三节 智慧图书馆知识服务延伸互联情境

互联情境是智慧图书馆的物理基础，为知识服务延伸提供了技术支持和空间场所。作为智慧图书馆的核心组成部分，它拓展了知识服务的范畴和边界。互联情境在智慧图书馆中具有关键作用，为数据服务、信息服务、知识服务以及智慧服务等一系列功能的高效实现提供了必要条件，是支撑各项服务活动的基础。

一、智慧图书馆互联情境的内涵与要素

（一）智慧图书馆技术情境的内涵与要素

智慧图书馆的建设得益于广泛应用信息化技术，这使得其成为可能。借助人工智能、情境感知、云计算、语义网等技术，智慧图书馆能够实现数据的语义连接，推动图书馆服务更加智能化，并实时感知用户的情境需求，以提供个性化的信息服务，从而提升用户体验。智慧图书馆是数字图书馆在普适计算基础上的升级版，其核心特点主要体现在数字化和情境感知服务上。智慧图书馆的技术情境主要反映了信息基础设施、信息技术以及它们对传统图书馆基础设施的信息化改造与升级所带来的影响。信息技术、信息基础设施、基础设施信息化是构成智慧图书馆技术情境的三大核心要素。

回顾图书馆的发展演进，进入 21 世纪以来，图书馆信息化成为其发展的焦点与主题，数字图书馆是图书馆信息化发展进程中的初级阶段产物。随着物联网、人工智能、云计算等新兴信息技术的迅速兴起，图书馆信息化水平得到了长足提高，并跨入了新的发展阶段，智慧图书馆作为数字图书馆发展的高级阶段随之而来。数字图书馆和智慧图书馆的产生与发展积极影响了图书馆信息化的进程。

数字图书馆反映了以互联网、移动互联网、虚拟仿真技术、3S 技术为主

导的信息技术及其发展应用对图书馆形态、结构及发展模式带来的影响。而智慧图书馆则反映了以物联网、大数据、云计算等新兴信息技术及其发展应用对图书馆形态、结构及发展模式带来的影响。相对于数字图书馆及 21 世纪之前的传统图书馆形态，智慧图书馆在信息基础设施、信息技术以及原有基础设施的信息化改造方面呈现出新的形态。

首先，在信息技术层面，智慧图书馆整合了大数据、物联网、移动互联网和云计算等新兴技术，相对于传统数字图书馆具备更高的技术优势。其次，在信息技术设施层面，智慧图书馆对运行速率、响应速率、带宽和信息网络等方面有更高、更可靠、更安全的要求。最后，在基础设施的信息化改造层面，受益于新兴信息技术及信息基础设施在智慧图书馆中的渗透及应用，图书馆的基础设施在感知能力、协作能力和自动反馈能力上实现了前所未有的突破。

综上所述，智慧图书馆的技术情境包括信息基础设施情境、信息技术情境和基础设施信息化情境。智慧图书馆的技术情境通过建设以高速、泛在、宽带、融合为特征的基础设施情境，为智慧图书馆的数据、信息、知识、智慧服务提供有效支撑，为智慧图书馆情境的语义化、关联化、网络化提供技术和物质支持。

（二）智慧图书馆空间情境的内涵与要素

智慧图书馆的空间情境分为物质空间和虚拟空间。借助新一代信息技术，尤其是物联网，智慧图书馆赋予物质资源智能响应和感知能力，实现了对物质资源的有效调度、管理和利用。同时，物联网和移动通信技术的发展也推动了虚拟空间的扩展，实现了广泛而自由的连接，促进了虚拟空间和实体空间的互联互通与融合。这一变革使得图书馆能够更好地满足读者的需求，提供了更加便捷、高效、个性化的服务。

在智慧图书馆中，信息技术的不断发展导致了对物理空间邻近性的减弱，进而使得物质空间逐步解构，空间结构由混合型向模块化转变。图书馆实体空间逐渐演变成为"灰体空间"，用户活动空间更加人性化和创意化，不同功能空间之间的融合发展得到加强，图书馆的功能经历了解构和重构，逐渐朝向多元化和复合化发展，空间功能的融合成为重要趋势。

二、智慧图书馆互联情境的主要构成

（一）智慧图书馆技术情境的主要构成

技术情境包括信息技术、信息基础设施和基础设施信息化。在知识服务信息平台中，信息技术是其支持的核心，通过利用信息网络基础设施以及与图书馆实体与虚拟空间的连接，提供多样化的知识服务。运作过程中需要依赖网络技术、感知技术等在技术层面实现对数据和信息的处理。此平台依托图书馆信息网络基础设施和资源性、服务性信息化基础设施，在物质层面实现了对数据信息的采集、传输、分析和应用。知识服务平台的重要功能之一是实现不同领域数据的交换、整合与共享，从而成为智慧图书馆互联互通的关键。

1.信息技术情境

智慧图书馆的信息技术情境涵盖感知、通信、网络、应用和信息安全等五大技术类型。这些技术是智慧图书馆顺利高效运行的关键支持，推动着智慧图书馆理念的实际实现。值得注意的是，随着信息技术的飞速发展，每个技术类型中都存在多个子类技术，其内容也在不断更新演进。

2.信息基础设施情境

智慧图书馆的信息基础设施可分为软硬件情境两大部分。硬件情境，又称为信息网络基础设施，包括无线基站、通信管网、中继设备以及各级机房和相关配套设施。而软件情境则是构建知识服务的信息平台。这两者共同构成了智慧图书馆的核心情境。

智慧图书馆建设需要建立安全、高速、泛在化、融合的信息网络，依托图书馆主干网、图书馆无线网和三网融合的基础设施，实现全覆盖的无线图书馆网络体系。图书馆管理系统、计算资源、存储资源、网络资源等构成图书馆知识服务基础设施的重要部分，图书馆知识服务资源数据中心提供数据的存储、计算、调配等支撑，平台软件在支撑下与数据库协同为各类智慧服务应用技术的开发、运行、管理提供支撑。

3.基础设施信息化情境

智慧图书馆的基础设施信息化情境涵盖了信息基础设施建设和新兴信息技术的发展，以及对传统基础设施和服务系统的改造升级。这些基础设施主要分为资源性和服务性两大类，在通过信息技术的改造升级中实现了图书馆服务功能的突破，呈现出自动化和智能化的特征。在智慧图书馆知识服务信息平台中，这些基础设施充当着资源共享与协同运作的智能应用情境的角色，促使物联网与基础设施的高效融合，使传统图书馆基础设施运行更加智能、科学和人性化。

（二）智慧图书馆空间情境的主要构成

空间情境可分为物质情境和属性情境，其中物质空间包括物质资源和环境作为要素。智慧图书馆引入智能技术，如智能识别等，创新了图书馆空间的环境管理方式，同时推动了信息知识资源获取、组织和使用模式的创新。物质要素在空间中的分布和布局形成了属性空间的结构形态，智慧图书馆的空间结构呈现出由模糊型向功能模块化的趋势。物质要素按照特定联系方式在空间中集结和组合，形成了属性空间的功能形态，新兴信息通信技术的发展和应用推动了图书馆空间功能的解构和重构。在智慧图书馆中，阅读、借还、体验、休闲等功能空间呈现新的发展趋势，更加人性化和创意化，不同功能空间的融合发展加强，占比变化，出现了融合发展的趋势。

1.智慧图书馆中的空间物质情境

智慧图书馆空间物质情境包括物质环境空间和物质资源空间，其在新兴信息技术影响下产生变化和发展趋势。虚拟空间的形成和发展推进了物质资源获取、管理和利用方式的变革。图书馆集成了多种物质资源，包括图书、馆舍、阅览室、期刊、电子阅览器等，这些是用户利用图书馆的基础。物质空间的流动化发展给图书馆物质环境运作形态带来新的变革。物质要素融合新一代信息技术要素后具有数字化、信息化、智能化和知识化等特征，以及互联感知、交互反馈、语义连接和控制功能，为人们的知识服务提供有力支撑。在新兴信息技术影响下，图书馆物质环境空间出现智能识别、智能预测、智能应急、智能建筑、智能环境监测等智能化运作形态，推动图书馆物质实体空间向智能化的虚拟空间转化。

2.智慧图书馆的空间属性情境

智慧图书馆的空间属性包括空间结构和空间功能的发展变化，受到新一代信息技术的影响。智慧图书馆的空间结构从模糊型向功能模块转化，更加人性化和创意化。虚拟空间、媒体空间等全新空间形态促进图书馆空间范围不断扩大，物质空间与虚拟空间有机融合，智慧图书馆的空间发展转向虚拟化，以信息流动为主导，具有流动性。虚拟空间形式丰富，如虚拟社区、BBS、微学习空间和 E-mail 等，替代传统图书馆物质空间与功能，提供更好的服务效果。互联网服务和远程通信的发展使图书馆的物质空间走向流动化，服务供给者与信息需求者基于信息流直接建立联系。移动虚拟设施空间的出现，使得依赖物质场所建立的设施不再是图书馆空间利用的唯一形式。在图书馆的虚拟空间中，知识服务形式丰富，用户与图书馆之间的交互方式与用户的位置选择灵活且自由，降低用户对图书馆物质空间的临近性要求，借还、阅览、讨论、体验、咨询和娱乐休闲等服务活动的布局出现由模糊型向功能模块转化，更加人性化和创意化。

智慧图书馆的空间功能是服务在空间中的呈现，反映了功能与服务场所的变化。空间布局的合理性对图书馆的可持续发展和运行至关重要。图书馆功能代表了其在物质环境中提供服务的能力，具有强烈的情境属性和多元性特征。图书馆是一个复杂功能的集合，其发展的动力和生命力在很大程度上取决于内外功能的协调能力。

智慧图书馆具有查询、阅览、咨询、体验、休闲和辅助决策等功能，并呈现新的发展趋势。新兴信息技术使图书馆空间虚拟化，实现从实体空间向虚实结合的"灰体空间"的转化，打破了活动空间的边界，推动图书馆功能变得更加复合化、多元化。虚拟空间的发展改变了用户的信息获取方式和知识创新模式，共享空间、创客空间、智慧社区成为融多种功能为一体的复合空间，消除了空间距离对用户专业、学科、社会身份之间联系的障碍。

三、智慧图书馆互联情境建构的背景

（一）智慧图书馆知识服务技术情境面临的挑战

图书馆的进步受用户需求与信息技术驱动，正在经历从传统图书馆至新型智慧图书馆的历史性转变。此转变以印本文献与实体空间为基础，向数字化、网络化及知识服务的智慧图书馆过渡。

大数据、云计算、物联网、语义组织、数据关联、智能分析、知识发现等新技术正成为智慧图书馆技术服务的关键部分，并构建起智慧图书馆知识服务延伸的业务运行体系。

用户需求的个性化和多样化以及信息技术的快速发展，促使智慧图书馆逐步引入新技术并整合资源，力图通过变革服务方式满足用户及科研人员的个性化需求。

当前的服务方式相较于传统的图书馆服务，正逐渐变为网络化服务。图书馆的知识服务方式也愈来愈个性化和多样化。技术手段也越来越先进，知识服务的内容早已不仅局限于借阅和编写二三次文献，而是基于数字化信息资源和网络平台，综合采用现代信息服务技术手段，如数据库技术、信息推送技术、智能代理技术等，提供网上知识咨询服务、开展知识导航、知识评价和提供创新型知识产品等。

知识服务延伸是智慧图书馆服务变革的实现途径，建构智慧图书馆知识服务体系能促进用户的体验式学习和协作式研究。鼓励教师结合课堂教学的实际情况适时适当引入新技术与新资源，一方面提高课堂教学效率，另一方面促进图书馆新技术服务在实际工作中的应用与转化，实现图书馆服务变革。

没有新技术的应用与支撑，智慧图书馆的信息组织、管理协调、用户服务、机构效能都将失去重要的保障。因此，一定要培育知识服务新动力，推动新技术、新方法在智慧图书馆知识服务中的运用，使技术创新成为推动智慧图书馆知识服务体系建构的强大动力来源。

（二）智慧图书馆知识服务空间情境面临的挑战

智慧图书馆在构建知识服务情境时，同样注重数字空间和实体空间的建设，并特别关注文化空间的打造，包括服务理念、文化氛围以及馆员的服务态度。服务环境的建设直接关系到知识服务质量，为了满足多层次、个性化需求，智慧图书馆需要科学规划并建立适应性强的知识服务环境。这包括适应知识服务需求的馆舍、硬件设备和网络设备，并构建充满智慧元素的知识服务情境。新型知识服务需要具备开放、安全、畅通的网络和信息系统作为硬件支持，而综合服务平台则应能够处理各种异构数字资源，结合用户的知识结构、研究兴趣和专业特征，提供各种信息、资源和知识产品的推荐。智慧图书馆的知识服务为用户提供了体验式学习和协作式科研的支持，包括创客空间、团体研修室、多媒体空间、虚拟咨询台和协同创新平台等设施。这些设施促进了用户之间的协同交流和持续使用，提高了学习效率和知识创新，同时推动了智慧图书馆知识服务的不断发展。

四、智慧图书馆知识服务延伸互联情境建构策略

智慧图书馆的知识服务互联情境是与传统图书馆服务有着关键区别的要素。物物互联、用户位置感知、服务无时空限制、新兴信息技术的应用以及空间功能的再造，这些条件共同影响着智慧图书馆知识服务延伸的顺利实现。为优化互联情境的易用性，需要从以下三个方面进行分析和改进。

（一）优化智慧图书馆互联设备服务的跨屏交叉融合情境

智慧图书馆的知识服务交互平台目前还处于初级阶段，主要采用微信、QQ、微博等作为主要的交互方式，而系统平台如超星学习通、云舟域空间知识服务系统等尚未得到广泛推广。为解决平台建设不足的问题，图书馆需关注用户的交互需求，加强情境建设，并通过微营销手段推广微博、微信、微视频以及互联客户端。同时,利用信息传感设备如红外感应器、射频识别（RFID）等，实现设备之间的互联，方便信息的交换与通信，从而实现智能化的识别、

追踪、定位、监控和管理，以方便用户获取数据。最终的优化升级目标是提升用户对交互平台的激励体验和易用性感知。不论是硬件设备还是软件系统，都需要具备快速反应能力和高效的终端反馈，以实现全方位的信息把握和实时状态捕捉。对于用户信息行为感知的有效性，关键在于互联情境的易用性和灵敏程度，因此需要提升感知水平，提供全天候、跨设备、跨区域、跨平台的情境化服务。例如，在局域网内采取中继措施以减弱信号的处理，延长网络长度，增加网络有效距离，从而扩大智慧图书馆知识服务的范围，优化互联情境的易用性。

（二）关联智慧图书馆信息技术服务的应用情境

实施创新驱动，鼓励技术创新，升级服务技术基础。智慧图书馆知识服务互联情境平台应提高设备技术支持力度，实现手机、PC、Pad、歌德机等终端设备一体化呈现，实现智慧图书馆功能与用户设备顺利对接，确保交互平台各种设备与功能具备高易用性、便捷性和可用性。

信息技术情境对智慧图书馆知识服务延伸具有双重优化作用：一方面改变信息的组织方式和存在形式，使用户更便利地使用图书馆资源。用户可以通过整合云存储、网盘等方式进行微资源存储，实现与知识服务情境的互联，并促进即时的交互。另一方面，一站式智慧导航可分析用户需求和潜在兴趣偏好，通过语义查找和匹配提供信息导航服务和推荐服务。交互平台结合智能终端，实时反馈用户行为数据与相关编码，动态调整平台功能。知识可视化服务以图表方式展示，呈现学科、领域和专题资源之间的相互关联，方便用户理解、学习和记忆。智慧服务技术情境能够直接与用户互动，提供一站式智慧导航、智能检索与匹配服务，以及知识可视化服务等。这些创新性的技术情境进一步丰富了智慧图书馆的知识服务体验。

此外，技术情境服务有助于改变图书馆的服务方式和内容，使知识创造在知识链的获取、组织、开发和运用过程中变得更为重要和可行。知识服务平台通过整合文字、声音、动画、网页、影像等多种形式以及图书、电子期刊、报纸、网站等各种形态，推动用户与知识服务的虚拟交互进程。SoLoMo服务基于地理位置、服务情境和移动设备状态的融合，应用于智慧图书馆的知识服务。由于知识服务技术情境返回的结果可能涉及多模态信息资源，多模态融合技术可整合这些结果，以融合的形式（如可视化）呈现给用户。此外，基于移动增强现实技术可识别智慧图书馆知识服务中的对象，充分利用关联计算获取与实体相关的虚拟信息，将其叠加于现场情境中，以实现虚拟信息对现实的"强化"效果。这些创新技术为知识服务提供了更加丰富多样的体验。

传统知识服务注重文献组织、检索和文献计量技术，智慧服务强调数据处理技术和技能要求。信息技术让图书馆从纸质时代到数字时代，从以印刷品为主到数字资源协同，未来以数字为主。技术改变服务方式，拓展服务边界，信息技术、多媒体技术拓展信息共享和虚拟服务空间。知识共享空间服务离不开各种互联终端和海量数字资源。智慧图书馆、智能空间服务依赖 RFID 技术、物联网、云计算、普适计算、机器人等技术。图书馆服务从手工操作到利用电脑辅助到智能化操作，是利用技术升级优化服务的结果。

（三）构建智慧图书馆空间结构颠覆性再造的创新型服务情境

图书馆应该协调各方面的投入，进行空间再造，以构建创新型服务环境，提高空间在服务转型中的作用，成为社会创新的平台。为解决投入、观念、软硬件环境等问题，图书馆需要重新审视空间功能，引入新型服务如创客空间，实现从信息共享空间向智能空间的升级。突出图书馆员的隐性知识和技能优势，为用户提供舒适、体验丰富、互动性强的创新环境。调整空间要素以实现空间的优化是图书馆拓展服务功能、实现转型升级的关键动力。国家需要投入资金以保障智慧图书馆知识服务的有效实施，推动智慧图书馆知识服务交互平台的建设，优化互联情境的灵敏性和及时性，引导智慧图书馆积极构建具有特色的知识服务平台，提升知识服务内容的丰富性，开展知识服务创新活动，扩大智慧图书馆知识服务的受众范围。

第四节　智慧图书馆知识服务延伸服务情境

一、智慧图书馆服务情境的内涵与要素

智慧图书馆的最终目标是建立一个知识共享、创新和协同创造的平台，贯彻"以人为本"的理念，促进人的全面发展，实现可持续发展。服务情境以用户为中心，以用户智慧的再生产为核心，通过借助新兴信息技术，实现网络社会形态与用户知识需求之间的有效整合与协同，创造出良好的信息服务环境。

智慧图书馆知识服务具备个性化、层次化、多元化和精准化的特征，要求准确捕捉用户需求并精准匹配知识。这体现了对适配功能和激励性功能的依赖，实现了在标准化情境和个性化情境之间的平衡。标准化情境强调稳定性、标准性、可移植性和可整合性，而个性化情境则注重适时的适应性、适量性、友好便捷性以及安全有效性。服务延伸情境主要涵盖了这两种情境。

智慧图书馆服务情境包括数据服务、信息服务、知识服务和智慧服务。数据服务和信息服务走标准化路径，而知识服务和智慧服务走个性化路径。在新一代信息技术的渗透和影响下，这四种服务情境呈现出新的运行方式和发展趋势，为用户提供良好的知识环境。标准化情境中，数据服务和信息服务随着大数据和人工智能的发展，加速了用户在社交网络的参与，推动了知识共享、协同创造和知识服务环境的泛在化。用户的社会关系网络贯穿于各类知识服务中，影响、塑造、制约着知识服务的开展，是新时期知识共享、协同创造和智慧生成的基础。智慧服务情境反映了智慧图书馆中服务模式的新发展趋势，综合体现了网络社会时代图书馆知识服务变革与发展的主要特点和基本方向。

二、智慧图书馆服务情境的构成

（一）标准化情境

智慧图书馆的标准化情境涵盖了数据服务和信息服务。在知识服务流程标准化方面，需关注服务流程、平台安全与友好性、支持模块化移植和数据资源整合等方面。信息检索与分析在智慧图书馆知识服务中起着重要作用，通过对异构数据进行逻辑分析和处理，为知识服务情境提供数据支持。构建智慧图书馆知识服务情境时，应充分考虑用户的时间和精力成本，将平台拓展性和性能优化纳入设计过程，确保用户能够自由调度图书馆资源，并无障碍地使用各项功能，以提升服务内容、水平和层次，更好地满足用户的个性化需求。通过规范流程和提升系统容错度，可提高服务的稳定性和操作性。同时，通过优化数据资源的组织，实现知识挖掘和聚类融合等能力，从而提升服务平台的可整合性。

（二）个性化情境

个性化情境包括知识服务和智慧服务情境的内容。在智慧图书馆服务的个性化情境中，激励性指的是服务内容与用户个性化需求的精确匹配，对用户持续使用行为产生正向激励作用。解决用户与服务的交互，满足每位用户的个性化信息知识需求，提供有效的服务内容。智慧图书馆知识服务的特点在于不仅仅是提供现成的数据、文献或信息，更重要的是在深度挖掘用户的个性化需求的基础上，广泛收集、组织信息，并对其进行筛选、分析、加工和重新编码，形成新的知识产品或方案。这样的深加工三次文献产品旨在辅助用户决策或直接解决用户实际问题，满足用户多层次、个性化的需求。

智慧服务涵盖了语义分析、用户情境计算、图像的 ROI 定位以及知识服务搜索引擎等多项技术。在语义分析方面，对文本、MVS 数据和图像等资源进行语义提取、分割、计算和分类管理，以描述数据信息与知识语义信息之间的对应关系，采用语义标签进行标注。用户情境计算旨在通过综合分析用户行为情境，构建用户情境模型以推理用户情境，从而预测用户可能的需求和意图。此过程旨在将情境分析结果整合到智慧图书馆知识服务的全过程中。图像的 ROI 定位与信息提取通过抽取符合用户情境的目标与主题，大幅减少信息搜索范围和计算复杂度，确保 ROI 定位的准确性，有助于提升图像分类与识别精度。因此，智慧图书馆需要解决语义分析、用户情境融合以及图像的 ROI 定位等关键问题，以提升知识服务的效能。

三、智慧图书馆知识服务延伸的服务情境建构策略

智慧图书馆的激励性功能是知识服务延伸的目标和核心，因此在规划激励方式、引导服务理念变革、提升馆员专业素养等方面需下功夫，以用户为中心提供吸引持续使用的服务和设施。在满足用户需求的基础上，建立有效的管理和激励机制，由馆员引导用户参与持续使用活动，提供自适应友好性能，强化用户体验，激发用户使用兴趣和意愿，积极促使新用户的参与和互动。这些举措旨在激发用户的积极参与，引导他们更频繁地利用智慧图书馆的资源和服务。

（一）构建精准追踪用户个性化动态需求的自适应服务情境

智慧图书馆运用物联网设备收集用户需求数据，实时捕捉用户需求，提高服务反馈及时性。同时，致力于提供符合用户个性需求的知识服务，促进知识的发现和协同创新，提升知识服务的协调共创性。为了优化服务适用性和拓展能力，智慧图书馆通过追踪用户行为，了解用户偏好和习惯，缩短用户期望与感知之间的差距，提高服务有效性。此外，智慧图书馆实行柔性策略，根据用户兴趣、知识结构和情境进行全方位分析，建立用户行为档案，实现个性化内容推荐和主题定位。保护用户隐私是重要一环，提供隐私保护政策和声明，引导用户进行个人信息披露。为了实现精准化推送服务内容，智慧图书馆需预测用户认知行为，推动资源情境化重组和用户聚合，实现资源的按需动态推送，并提供个性化定制服务。最后，智慧图书馆拓展智能阅读、智慧学习、社区化小组互动、再生内容应用和自定义存储等方式，促进用户之间的知识资源交流、共享、利用和创造，推动交互平台适用性的优化

升级。

（二）发展具有核心竞争力的新型智慧服务专业人才

图书馆应明确智慧图书馆的功能定位和长远发展，进行内部业务环节的重新组织，培养馆员新型专业与服务能力，强化适应性和创新意识，以推动迈向智慧图书馆的转型。人员再造旨在发展图书馆员的专业服务能力，提升他们的综合信息素养和运用新型专业工具的能力。重点突显独特知识技能优势的开发和应用，形成专业化队伍，最终打造具有核心竞争力的专业优势。

规范引进人才，加强组织学习，优化人才结构以提升供给动力是关键举措。有研究指出，国内图书馆相较于美国大学图书馆，存在在"软件"方面（人员素质和管理水平）的滞后现象。在图书馆新型服务中，人才因素发挥着决定性作用，直接影响服务的广度和深度，因此加强专业馆员队伍建设至关重要。知识创新服务的关键在于比较馆员和用户的知识势能，因此馆员需要不断学习新技术和新方法。为改变不合理的人才结构，需要从引进人才、组织学习、人才使用和激励的制度上入手，通过优化人才队伍结构，提供动力以提高图书馆新型服务能力。

（三）构建激励推进型的开放式创新管理机制

智慧图书馆通过资源整合和情境融合实现用户感知激励，同时在服务流程标准化和内容个性化方面展现了创新。在构建服务情境时，需要根据用户个性化需求分析知识服务功能属性特征，以此为导向整合平台功能属性与服务情境，优化激励管理并推动平台的创新与再发展。激励管理涉及对图书馆专业馆员和用户使用平台的激励。

管理的核心需要从管理资源转向管理服务，而服务管理的关键在于人才的有效运用。人才的激励成为关键，因此，激活和充分利用现有人力资源成为管理的首要任务。对于智慧图书馆知识服务的延伸，激活人才的创新功能至关重要。除了要确保有足够的人才配备外，智慧图书馆人才建设还需要建立合理的人才激励机制，依赖并充分发挥人才的优势和特长。同时，考虑到知识服务的复杂性，不仅需要个体馆员的努力，还需要专业团队的协同运作。

因此，在对个体进行激励的同时，还应该协调激励整体团队，包括人员配置、协作能力和知识更新等方面的激励。

在智慧图书馆知识服务情境设计中，需要根据用户的不同信息行为和需求，配置信息需求点、信息偏好点以及每个服务阶段的信息利用点。满足用户的信息需求、信息偏好和信息利用是智慧图书馆知识服务情境设计的重要考虑因素。对于用户使用平台的激励，主要体现在互联情境和资源情境两个方面。在互联情境方面，需要强化平台技术和各种设备的综合可用性，关注用户类型的多样性，优化互联情境对信息资源采集与加工的支持作用。在资源情境方面，应强化服务平台在媒体介质、终端系统和用户时空受限等方面的易用性，优化交互情境在按需分配、定向推送等方面的个性化适配优化能力。

智慧图书馆服务内容的个性化和服务流程的标准化激励需要从自身属性入手，将互联情境的易用性和资源情境的有用性功能有机整合，推动知识服务情境的优化与提升。以用户体验为核心，通过合理配置资源、技术和服务等要素，提升知识服务情境的适配性和激励机能。

第六章　数字图书馆资源聚合与服务推荐研究

第一节　数字图书馆资源聚合模型构建研究

一、数字图书馆资源整合模式的组成元素

（一）用户

数字图书馆中，用户不仅是信息资源的利用者，同时也是信息资源整合和服务推荐的主体。资源的整合旨在更好地挖掘用户的潜在需求，并为其提供多样化的个性化推荐服务。当前数字图书馆面临资源过载的问题，单一的服务资源已经无法满足读者的需求。因此，需要整合服务资源，并不断发展服务的深度。资源聚合是资源开发和利用的重要途径之一，需要建立数字化和有序化的信息资源组织，深度挖掘资源之间的关系和知识，以确保数字图书馆资源的最大化开发和利用效率，以满足用户的多层次需求。读者对服务的需求涵盖评分、评论、功能、属性和服务质量等多个方面。因此，数字图书馆亟需解决如何更好地满足读者多样化需求的问题，为读者提供个性化的信息资源。在数字图书馆中，用户对信息的需求是一个重要的研究方向，多样化的信息服务资源及其整合方式也是一个值得关注的问题。

（二）数字图书馆资源

数字图书馆资源是一种数字化集合，将各种文献资料进行收集，包括但不限于电子期刊论文、学术会议论文、学位论文、数字化报纸、数字化文献数据库、数字化科学报道、专利资料、标准资料等。在文中，数字图书馆资

源主要指馆藏文献资源，这些资料以多种形式呈现，旨在完整地记录和展现资源知识，并根据不同的文件内容和格式进行组合。需要注意的是，数字图书馆资源不包括互联网上无序、内容无控制的数字化文献类资源。

（三）领域本体

知识的组织性是重要特征之一，表现为特定领域内联系和脉络。随着多学科知识融合，知识组织方式趋向空间化发展，数字图书馆旨在满足特定领域需求。这涉及对领域本体语义信息的挖掘，演化为基于概念与关系的网络结构。数字图书馆中，知识主题的内在组织是资源整合与服务推荐的基础。对知识进行分析与建模可提供更精准的资源推荐。领域本体是数字图书馆资源管理的有效理论与技术，用于组织、聚合和推理知识。它采用多重继承的知识概念，强调知识间的关联关系，呈现相似和关联主题，不断丰富语义信息。多本体协同系统研究涉及概念映射和关联的范围扩展。

二、数字图书馆资源整合模式的特点

（一）数字图书馆资源聚合对象的多元化

数字图书馆资源多元化主要在资源类型和内容方面展现。包括数字图书、期刊、论文、音像和地图等不同类型资源，涵盖文化、历史、艺术、科学、技术等领域。这样的多样性不仅丰富了资源内容，也支持了学术研究、教学和文化传承等方面。然而，这种多元化也提出了更高的管理、服务和技术要求，需要更完善的资源管理、服务机制和智能化技术支持。

数字图书馆为了有效管理资源，采用多种技术手段。其中之一是采用元数据标准，如 Dublin Core 和 MARC，用于资源信息描述和管理，提升资源可发现性和可访问性。

一些现代数字图书馆还利用机器学习、自然语言处理和知识图谱等技术，从大量数据中提取信息和知识，实现资源的组织和聚合。机器学习可自动识别和分类资源，自然语言处理则从文本数据中提取关键词和实体用于索引和检索，知识图谱则支持资源的自动推荐和关联。

（二）数字图书馆资源聚合方法的多样化

数字图书馆资源聚合方法的多样性指的是多种方法和技术，用于整合、组织不同来源、格式和类型的数字资源。这些方法旨在助力数字图书馆全面、高效、可持续地管理和利用数字资源。其中，数字图书馆资源聚合方法主要包括以下几种：

（1）元数据标准化：描述数字资源信息的元数据可帮助资源发现、组织和管理。通过标准化处理元数据，不同来源的资源可以以统一方式描述和管理，促进资源整合。

（2）搜索引擎技术：用于数字资源的检索和发现。数字图书馆可使用开源搜索引擎软件，如 Solr 和 Elasticsearch，对资源进行索引和搜索。

（3）开放获取技术：以公开、免费形式向用户提供数字资源。数字图书馆可利用开放获取技术，如 OAIPMH 协议和 Creative Commons 许可证，开放地提供数字资源给用户。

（4）数字图书馆门户网站：提供门户服务，为用户提供检索、查找和浏览数字资源的功能。门户网站可整合不同来源的数字资源，提供一站式服务。

（5）数字资源管理系统：用于数字资源的存储、管理、组织和访问控制。数字图书馆可采用管理系统如 DSpace、Fedora 和 CONTENTdm，整合资源并进行权限管理。

总体而言，数字图书馆资源聚合方法的多样性为图书馆提供了多种选择。根据数字资源特点和图书馆需求，选择最适合的方法和技术，实现高效管理和利用。

（三）数字图书馆资源聚合维度的立体化

数字图书馆资源聚合的立体化指对资源考虑多个维度进行聚合，形成多维聚合体系。这些维度包括主题、内容类型、时间、语言、地域、学科等。综合考虑这些维度能更全面、系统地组织和聚合资源，提供更准确、丰富的检索和浏览体验。

主题是最基础和重要的聚合维度，需要对领域知识有深入了解，确保聚合的准确性和有效性。内容类型如文本、图片、音频、视频也是常用聚合维度。时间和语言帮助用户快速定位资源，地域和学科为特定用户提供精准资源。

多维度聚合提高用户检索效率和准确性，也促进资源整合和重组。数字图书馆可更好地实现资源共享和合作，提高资源利用效率，推动数字图书馆的发展。

（四）数字图书馆资源聚合过程的动态化

数字图书馆资源聚合的动态化意味着持续更新和调整聚合过程，以适应用户需求和技术变化。随着数字图书馆资源不断增加、变化，并伴随用户需求多样化，聚合过程需要灵活、动态。为此，持续更新和调整是必要的，以保持聚合资源的及时性和准确性。

信息技术是实现动态化的关键。例如，利用机器学习和自然语言处理对资源进行分析和自动标注；智能算法和推荐系统则根据用户兴趣推荐相关资源。同时，数据清洗和更新是必须的，以确保资源数据的质量和完整性。

紧密关注技术发展和趋势也是重要的。大数据、云计算、人工智能等技术的发展为资源聚合和处理提供更强大支持。数字图书馆需要关注这些技术，将其应用到聚合过程中，提升效率和准确性。

三、数字图书馆资源聚合模型的体系框架

（一）数据资源层

数字图书馆拥有多种数字化信息资源，如电子图书、期刊、论文、图片、音视频等，这些以数字形式存在的资源需要数字化管理、存储和传输。数字图书馆的数据资源层是信息服务的基础，也是聚合的重要来源。合理分类、标注和管理数据资源可提升聚合效率和准确性，为用户提供更优质的服务体验。

（二）资源语义化层

这是指对数字图书馆中各种资源进行语义化描述和标注，也称为元数据层。这一层旨在为数字图书馆资源提供清晰明确的描述和标识，使得资源能够被准确检索、组织、管理和利用。

通常采用通用的元数据标准和格式（如 Dublin Core、MARC、MODS 等）描述资源的基本属性，例如标题、作者、主题、出版日期等。同时，也需要针对特定领域的资源进行更深入的标注和扩展，以满足领域需求。举例来说，在数字化历史文献领域，需要使用 TEI 等标准对文本内容进行标注和描述。

（三）资源聚合层

这是指将数据资源层和资源语义化层的信息整合处理，形成独立的资源聚合体系，以更有效地组织和管理数字图书馆资源。资源聚合层主要包括以下方面：

（1）资源聚合模型：包括各种类型和领域的聚合模型，如元数据聚合模型、知识图谱聚合模型等，用于资源分类、聚合和组织。

（2）资源挖掘和推荐技术：通过分析用户行为、兴趣和资源属性，发现潜在关联，为用户提供更精准的推荐服务。

（3）资源聚合管理系统：建立资源聚合管理系统，实现资源高效管理、存储和共享，提高资源利用效率。

（4）资源聚合评估和质量控制：对聚合结果进行评估和质量控制，确保准确性和可靠性，提高用户满意度和资源价值。

（四）应用层

数字图书馆的应用层位于顶层，包括用户界面和各项服务的实现。用户可通过直观的界面访问各类资源和利用数字图书馆服务。例如，用户可通过搜索引擎查找所需资源，利用分类、标签等功能筛选资源。此外，提供借阅、阅读、下载等服务，提升用户获取学术文献的便捷体验。应用层是数字图书馆的核心之一，不仅服务用户，也实现各项功能和服务。

第二节　数字图书馆资源聚合方法研究

数字信息资源的语义化与本体论构建是构建语义网的核心技术，如何便捷地构建本体论并基于其中的语义信息进行量化和挖掘，是当前研究的重点。

一、领域本体构建

在某种结构下，资源关系相对固定，无法满足数字图书馆资源聚合和推荐的需求。相比之下，基于本体（Ontology）的语义网络结构更为灵活，能更好地体现资源多样性和动态性，实现资源聚合和推荐的个性化、精准化。本体的构建和维护需要持续投入人力和物力，但其智能化、自适应化服务效果显著，也是数字图书馆资源聚合与推荐的发展方向之一。

"概念树"是一种以"中心"为根、按层级结构"发出"知识"枝权"的知识组织方式。领域本体论在语义网中是高效的知识组织与表达方法，其概念间的多重传承关系打破了"概念树"中叶子无法同时归属两个"枝权"的限制。尽管领域本体论打破了传统知识组织系统，但大多数学者认为它仍保持高度结构性，保留等级系统和中央化特点。

本体是一种类似"父子""兄弟"关系的"树形"结构，是高效的知识组织与表达方式。它有助于探索词汇表中类别间的关联，也能辅助构建概念层次。近年来，人们开始从网络角度研究大规模本体（如肿瘤本体论 NCI、基因本体论 GO 等）的结构特征。研究者将"本体"引入到"网络结构"研究中，探讨"本体"模块划分、语义相似性、拓扑关系存储与推荐等问题。他们意识到本体内部存在比"树形"结构更复杂的层次关系。为了深入挖掘概念关系，研究者将本体中的概念映射为网络节点，构建对应的概念网络展现概念之间的关系。为了更好地解析语义网络中节点的层次和不同语义内涵，研究者提出了基于有向边的分析方法，更客观地反映语义网络的结构和关系。

在语义网中，领域本体论被视为以属性为纽带的概念网络，由节点和带标记的有向弧线或链构成的概念图。这些节点代表具体实体概念或事务事项，整个网络视为资源。领域本体论与语义网相似，能以有向图表示知识并进行语义推理。可将领域本体论所建网络视为语义网的一部分进行深入解析。

领域本体构建采用复杂网络理论对语义网络进行分析。语义网络可用复杂网络描述，清晰展现概念间的属性、关系和特征。概念以图形式组织，易于访问和分析，符合用户认知。弧的多样表现形式准确传达领域资源知识。该方法灵活且可扩展，适用于不同领域和需求。通过内容聚合，能展现资源间的关联性，为数字图书馆资源的组织、管理和推荐提供支持。

语义网络与复杂网络在联系和特征上存在相似和不同之处。语义网络中的概念节点具有更丰富的语义含义，其边的类型更加多样化，包括等级、属性、用户自定义对象属性等。相对而言，传统的复杂网络中节点类型通常相同，呈现同质性，其边的语义内容相对单一。这导致两者在节点和边类型上存在差异，语义网络更适用于揭示节点之间的层次关系和不同语义内涵。在本体表示语言中，允许存在空白节点，这些节点在语义上具有重要内涵，但在网络中不会明确表示出来，而传统网络结构中的节点通常一一对应于现实世界的实体。因此，语义网络和传统网络在边类型上存在显著差异。

二、领域概念获取

本体构建的关键在于获取概念及其关联。传统的领域概念抽取方法，如基于规则和统计的方式，存在一些限制：规则方法需要建立不同领域的语言规则，还需解决规则冲突；基于统计方法则需要人工判断。词汇句法模式和层次聚类算法是有效的概念抽取和关系获取方式。文本挖掘中的关联规则也可用于关系抽取。然而，一般本体构建方法存在困难，如基于词汇频率的概念抽取、机器学习的抽取、模式与规则的关系挖掘等。

维基百科为解决运行过程中常见的领域本体构建困难、已有技术难以挖掘隐藏概念及关联等问题，计划研究一种面向领域本体的半自动化构造方法。维基百科具有广泛学科涵盖、高精度内容和良好结构的特点。构建时可选取具备完备目录、丰富信息和详尽词条定义的部分，并用作计算机领域本体论的概念和关联来源。基于此，可建立一种基于 OWL、JWPL 的服务体系，包含对象特征、属性、语义、多目标。

第三节　数字图书馆资源服务推荐研究

这部分将详细讨论如何运用文本聚类分析方法来优化数字图书馆资源整合。文本聚类是一项强大的技术，能够有效帮助数字图书馆解决资源整合和组织的挑战，并提供个性化的服务和知识发现。

数字图书馆中包含大量文本资源，如图书、期刊文章、学术论文等，涵盖多个领域和主题。如何有效地对这些资源进行分类和聚合是关键问题。文本聚类分析方法通过计算文本之间的相似度和相关性，将相似的文本资源归类到同一簇。这种聚类结果有助于建立数字图书馆资源之间的关联，并提供更佳的资源导航和发现功能。

文本聚类应用广泛，尤其在推荐系统方面。通过分析用户兴趣，系统可以向他们推荐相关主题的内容，提升用户体验和数字图书馆的使用率。此外，文本聚类有助于提高信息检索的准确性和效率。优化搜索引擎结果，为用户提供更好的搜索体验，同时还能揭示资源间的潜在关联，为用户提供更多学习和研究途径。

为了构建高效的文本聚类系统，需要综合考虑多个关键因素。这些因素涵盖了特征选择、相似度度量方法以及最适合的聚类算法。此外，对文本进行预处理和数据清洗也至关重要，以确保最终的聚类结果准确可靠。

特征选择在构建文本聚类系统中扮演着重要角色。选择哪些特征来衡量文本相似度是至关重要的决策。常见的特征包括词频、TF-IDF 值和词向量等。根据具体的应用场景和需求，选择适当的特征表示方法可以提高聚类的效果和准确性。

相似度度量方法是衡量文本相似程度的关键指标。常见的方法包括余弦相似度、欧氏距离和曼哈顿距离等。选择合适的相似度度量方法能够准确衡量文本之间的相似程度，为聚类提供可靠的基础。

此外，选择合适的聚类算法也是至关重要的。常见的算法有层次聚类、K-means 聚类和 DBSCAN 聚类等。针对不同的数据类型和聚类目标，选择适当的算法能够提高聚类效率和准确性。

除了前述因素，文本预处理和数据清洗对确保聚类结果的准确性和可解释性至关重要。文本预处理涉及消除停用词、词干化和标准化等步骤，以削减噪音和冗余信息，突显文本的关键内容。数据清洗则涉及处理缺失值、异常值和重复值，确保数据完整性和一致性。

在文本预处理过程中，去除停用词是一种普遍操作。这些词在文本中频繁出现但未对主题贡献实质信息，如"的""是""在"等。此举可减少噪音，提升后续处理的效率和准确性。词干化是将不同词形转化为词干或原型形式的过程，例如将"running""runs""ran"等转换为词干"run"。词干化可将不同词形归一化，降低特征空间维度，改善聚类效果。标准化则将文本中的特定格式或表达方式统一成一致形式，比如统一日期、时间、数字的表示格式。标准化有助于消除表达差异，提高相似度度量的准确性。

数据清洗阶段包括处理缺失值、异常值和重复值。缺失值指文本数据中部分信息缺失，可能影响聚类结果。处理缺失值的方法有删除、填充或利用其他数据进行推测。异常值是指与大多数数据不符的特殊值，可能扰乱聚类结果。检测和处理异常值有助于提高聚类准确性。重复值指文本数据中存在的重复条目或内容，可能带来冗余信息。消除重复值有助于减少数据集大小，提高聚类效率和准确性。

第七章　新时代全民阅读推广服务的转向与路径研究

第一节　全民阅读的时代转向

近年来，全民阅读的历史演进在新时代表现尤为明显。回顾这一过程，明显感觉到全民阅读已经渗透到日常生活之中，成为构建美好生活不可或缺的一部分。自 2006 年以来，中国举办全民阅读活动的规模不断扩大。中宣部与其他 10 个部门共同发布了《关于促进全民阅读活动的倡议书》。这一倡议得到了社会各界的积极响应，全民阅读活动迅速兴起。2012 年，"开展全民阅读活动"被首次写入党的十八大报告，成为推动文化强国建设的关键举措。如今，在新时代，全民阅读被赋予了更为重要和广泛的价值，与满足人民群众对美好生活的追求同步规划并同步实施。

自 2014 年起，连续 11 年政府工作报告中均提及"全民阅读"。2016 年，我国发布了首个国家级全民阅读规划《全民阅读"十三五"时期发展规划》，旨在积极促进阅读活动向农村、社区、家庭、学校、机关、企业、军营等各个领域延伸，使阅读成为日常生活中最为普遍的方式。2020 年，中央宣传部发布了《关于促进全民阅读工作的意见》，提出了具体要求，以习近平新时代中国特色社会主义思想为指导，关注并满足人民对精神文化生活的新期待，以此推动全民阅读的建设。2021 年，"深入推进全民阅读，建设'书香中国'"被写入"十四五"规划和 2035 年远景目标纲要，明确规定了"全民阅读"作为人民文化权益的内容，将"书香中国""全民阅读"与"美好生活"有机地融合在一起。2022 年 4 月 23 日，首届全民阅读大会在北京举行，习近平总书记在贺信中强调了中华民族历史上推崇阅读的传统，强调了阅读对于传承中华民族精神、塑造中国人民品格的重要性。10 月 25 日，新华社发布了党的二十大报告全文。报告提出"深化全民阅读活动"，这标志着新时代全民阅读与美好生活建设在基层生活和国家逻辑制度设计方面的结合和内在衔接，为中华民族伟大复兴注入了强大的精神力量。

一、全民阅读的时代转向

（一）日常生活是全民阅读的现实反映

阅读虽不局限于视觉感官，但其与视觉具有密切的关系，是一种天然的专注观察。作为观察的阅读方式，其并非主体用以控制客体的工具，而是隶属于一个更大的他者，这个他者抵抗视觉的支配。人们在阅读过程中专注观察作品，建立了人的主体性与被观察客体之间的连接，并由此出发思考主体与他者之间的关系，在此过程中使主体获得自我反思意识。

人们在阅读中专注观察文艺作品，作品作为他者，成为萨特所定义的"凝视着我的人"。因此，作者与他人的基本关系必须归结为"被他者看见的可能性"。书籍或作品作为"凝视着我的人"，其是否经典，与日常生活密切相关。作家的作品若要在日常生活中实现经典化，就必须让文学形象成为概念隐喻的源域，日常生活成为目标域。一旦词语的隐喻用法日渐规约化，成为日常生活中的熟语，且长期持续，则该作品形象日常生活化成为常态，该作品也便实现了经典化。

从这种意义上来说，新时代提倡全民阅读，旨在让人们通过阅读，接触经典艺术作品，并找到一个适当的"大他者"的媒介。这样，人们就能实现对日常生活的现实关注，从而正视生活的现实状态，并反思生活的意义和目的。由此，人们可以生发出基于日常生活的对美好生活的意义建构和实践追求。

在新时代的历史背景下，全民阅读作为顺应时代发展潮流的重要举措，旨在满足人民群众对美好文化生活的向往。然而，全民阅读的发展不能仅仅停留在现有的发展阶段，而应产生一种向更加完整意义上的全民阅读发展的历史冲动。

然而，仅有这种冲动是不够的。全民阅读的发展方向才是更为重要的。正如马克思在《神圣家族》中所说："历史活动是群众的事业，随着历史活动的深入，必将是群众队伍的扩大。"因此，全民阅读的时代转向必须回到"全民"的语境中进行考察，并将其融入基于"全民"的时代洪流中。

在新时代，中国共产党始终坚持人民至上的理念，从"全民"的愿景出发，确立了美丽中国、美好社会、美好生活的多维愿景。这为全民阅读的发展指明了方向：走向日常生活，使全民阅读成为连接人与日常生活世界的中间环节，从而促进实现美好生活向往的全民共识。

（二）日常生活是全民阅读的人文关怀

全民阅读在中国特色社会主义文化建设中扮演着重要角色，其涉及社会主义核心价值观的塑造和中华民族共同体意识的凝聚。其核心是"全民"，透过阅读作为媒介，旨在实现"人的自由而全面发展"的最终目标。这一目标也是新时代美好生活的核心价值所在，将人由"物质依赖"转向"全面自由发展"的最高追求。在当下，阅读充当着将"全民"引向"人的自由而全面发展"的传达途径。阅读有助于个体的觉醒，启迪人们对日常生活的关注和反思。缺少这种反思，无法构建美好生活。美好生活不仅是日常生活的一部分，同时也通过对日常生活的批判，超越日常，寻求其本质和表现方式。列斐伏尔在《日常生活批判》中指出："日常生活世界对于人类自在性的确认是至关重要的，无论非日常生活世界如何发达，人们都需维持日常的生存。如果日常生活缺乏哲学意识，缺乏反思精神的成长，文化的倦怠将难以克服。"

在这个层面上，日常生活被视为全民阅读的人文关怀对象。通过阅读，人们不仅对自身进行审视，赋予日常生活以文化内涵和哲学意义，同时也依靠阅读实现对自身的超越，为追求美好生活进行了迭代和提升。尤其是在新媒介技术如算法技术和元宇宙等的涌现引领新时代，保持对阅读的人本立场，坚持以人民为中心的发展理念，实现阅读与人的联系，是全民阅读迈向新阶段的核心所在。在面对技术不断迭代和无限潜能的新时代，全民阅读的实践发展必须保持全面的人文关怀，摆脱技术至上的逻辑桎梏，将日常生活中的多重视角塑造为真正的、根本性的生活基础。这有助于人们通过阅读融入生活、享受生活，从而实现个体的自由和全面发展，真正迈向美好生活的目标。

（三）日常生活是全民阅读的表达场域

阅读是一种以获取知识、信息、情感以及社会价值为目的的生活方式，是人类区别于其他动物的根本特征，也是人之所以为人的重要特征。对于现代人而言，阅读不仅是基本的生活需求，更是社会化的重要条件，有助于个体从"单个个体"向"社会群体"再到"共同体"的认同性建立，为更广泛范围的社会和政治协同行动提供了共识基础。日常生活是全民阅读的展示场所，客观地反映了全民阅读对人们日常活动的影响和规范效果。马克思也曾深刻指出："人们如何展现自己的生活，他们就是什么样的人。"全民阅读在日常生活的批判理论层面，是人们自由发展的日常生活形式的实践产物，重新塑造着个人的生活方式和追求，并使之成为一种习惯。

在新时代下，中国特色社会主义开创了中国式现代化的全新道路，创造了一种独具特色的人类文明形态，为发展中国家走向现代化探索了新的途径。这种中国式现代化的新道路推动了全民阅读时代的转变，将新形态的人类文明通过阅读投射到日常生活之中，帮助个体逐步培养与这一新文明相匹配的品质和精神面貌，实现了在日常生活中物质文明和精神文明的统一。因此，必须以实现文化强国的目标为指引，推动全民阅读融入日常生活。这包括提供扎根基层、贴近群众的优秀文学艺术作品，营造浓厚的阅读氛围，将新时代文明的光芒融入日常生活，让其成为生活的常态。

二、全民阅读转型与路径探析

全民阅读融入日常生活是一个历史延续和现实并行的过程，它承载着过去的经验，联系着当前的状况，并指向未来的方向。在中华民族伟大复兴的重要历史阶段，推动全民阅读融入日常生活，实现二者的逻辑关联和实践连接，既能为全民阅读提供更为细致、更具科学性、更适用的载体、渠道和路径，又能发挥全民阅读对日常生活的批判性和改造性作用。通过这种融合，有助于引领人们日常生活观念的提升和日常生活的文明化，进而助力实现广大人民群众对美好生活的向往。

（一）整体性规划：全民阅读走向日常生活的宏观治理

在新时代，全民阅读不仅承担着构建文化强国的宏观叙事任务，同时连接了普通老百姓在日常生活中对优秀文化产品的精神需求。布尔迪厄指出，"文化需要"和鉴赏能力是一种文化实践的能力，是经历过教育再生产而产生的历史结果。他指出人们的文化需求实际上是建立在公共权力基础上的文化再生产过程。全民阅读走向日常生活并不排斥公共权力的介入，反而需要确立以政府主导、社会参与为特点的全民阅读实践模式。这种模式坚持公益性、基本性、均等性和便利性的统一，面向基层和群众，保障全体人民平等享有基本阅读权利，从而推动全民阅读与日常生活的相互融合和共生。

1.坚持整体治理，构建一体化全民阅读格局

全民阅读作为国家级文化工程，需要建立一个现代化治理体系，结合中央引导和地方创新，强化整体布局并注重资金支持。这种治理体系应当逐步形成一套综合性的全民阅读管理模式，其中包括党委领导、政府主导、社会参与以及公众融入。特别重要的是，在现有的"自上而下"的全民阅读实践框架基础上，要着力构建"自下而上"的全民阅读创新机制。这样的机制可以加强对地方全民阅读创新实践的政治引导和推广，使广受欢迎、有广泛参与度的全民阅读模式能够迅速有效地在全国范围内推广开来。

2.坚持高效协同，打造高品质阅读内容

全民阅读的核心在于阅读内容。其内容生产需平衡意识形态和产业属性，强调社会效益优先，确保社会效益与经济效益相统一。具体而言，应充分发挥政府的作用，提供以公益性和普惠性为基础的高品质文化产品，满足群众需求，并建立城乡一体化的阅读推广体系，确保公共文化服务的均等性。同时，需重视市场机制，推动全民阅读相关文化产业转型，激发新型文化企业、业态和消费模式，创新市场化阅读内容供给，构建融合互动的全方位全民阅

读公共服务体系。

（二）系统性思维：全民阅读走向日常生活的要素设计

当前的日常生活理论主要涉及三个领域：日常消费、日常社交和日常观念。为使全民阅读融入日常生活，需要持续采取系统性思维，全面规划好全民阅读在生活中的角色，促进全民阅读成为日常生活系统中的文化要素，从而提升日常生活中美好精神氛围的质量。

1.推动全民阅读走向日常消费活动

全民阅读以中国特色社会主义文化为核心的精神元素，需要注重设计革命文化要素的符号，以展现全民阅读对主流价值文化的引领作用。通过隐喻革命文化符号，减弱资本主义消费主义对全民阅读的市场影响，实现社会主义核心价值观的内在融入和外在表征。同时，推动中华民族优秀传统文化与全民阅读相融合，注重传统文明元素的设计，使中华文化在全民阅读中得以延续，用特定的中华文化符号表达愿望和身份认同。此外，结合新时代新使命和新任务，强调社会主义先进文化元素的设计，将反映时代发展、弘扬中国精神、歌颂美好生活的优秀文化作品融入全民阅读实践，打造具有革命情怀、中华文化底蕴和时代精神的系统化文化图景。

2.推动全民阅读嵌入日常交往活动

全民阅读融入日常生活，涉及人们的社交领域，包括实际社交和虚拟社交网络，激发阅读的社交属性和交流价值，营造一个"各取所需、共同分享美好"的日常交往空间。为此，需要坚持系统化思维，设计全民阅读中的社交要素，构建以人为核心的阅读交流场所。通过读书会、城市书房、特色城市书店等方式打造具有深度和沉浸式阅读体验的日常社交场所，真正实现全民阅读成为"人人参与、人人享有、人人愉悦"的日常交流平台。

3.推动全民阅读引领日常观念活动

全民阅读融入日常生活，需要建立面向美好生活的全民阅读，将全民阅读与文化强国战略和共同富裕目标融为一体，以满足人民群众对美好文化生活的渴望。为实现这一目标，需要根据新时代全民阅读的特点，聚焦人民群众对美好生活的需求，构建面向美好生活的全民阅读行动体系：推动以生活现代化为核心的全民阅读，重塑阅读的生活化，使阅读成为现代生活的一部分；推进以生活在地化为特点的全民阅读，丰富阅读的多样性，使阅读融入日常生活；推动以生活场景化为特色的全民阅读，展现阅读的景观性，增强阅读的凝聚力，让阅读给人们带来沉浸式的美好文化体验。

（三）情境性展演：全民阅读走向日常生活的场景重塑

日常生活是时间和空间的交织，呈现了生活场景的维度和界限，对时间和空间进行了个体化的重新组合，最终形成了生活的日常画面。在新时代，技术的进步重新定义了日常生活的整体面貌。基于这一点，将全民阅读融入日常生活需要充分考虑技术对生活场景的影响。依靠技术的支持和赋能，同时坚守价值观念，通过创造多样化、立体化的全民阅读场景，以情境化的方式展示阅读体验在不同时空维度中的丰富性。

1.聚焦"实现"，创设可达性阅读场景

全民阅读走向日常生活时，可以依靠技术的便捷和普及性，积极推进全民阅读技术的适老化和普及性改进，提高技术的易用性，以确保技术惠及全民。这样可以让更多人通过技术的帮助扩展自己的阅读能力和视野。通过低成本、普惠性的方式接触更多优秀的文化产品，将全民阅读与智慧城市、数字乡村相融合，打造城乡一体化的全民阅读场景。

2.聚焦"交流"，创设社交性阅读场景

全民阅读融入日常生活需要适应数字化社交场景的构建。这包括积极连接社交平台、网络游戏和元宇宙等具有社交属性的数字空间。发展具备数字思维、数字图景和虚拟现实的深度阅读技术，整合数字空间中碎片化、无意识和杂乱的阅读片段。特别重视赋予这些技术美好生活的想象和伦理价值，实现虚拟阅读转化为实际阅读，将实际阅读呈现为虚拟情境，并在数字社交阅读空间中体现对美好生活价值的追求。这样创造一个全民阅读日常生活数字"交流"空间，通过媒介场域的跨越地理界限，重新建构行动空间，在社会政治、经济和日常生活中不断扩大其影响力。

3.聚焦"参与"，创设全过程阅读场景

全民阅读走向日常生活的核心在于"全民"，这实质上是全过程人民民主的时代实践。这强调了技术在赋予人们阅读权利方面的作用，突显了数字化阅读场景中社会主义民主价值的重要性。为了人们参与全民阅读的设计和执行，必须提供充分的技术支持。通过互联网，倾听人们对全民阅读的意见和诉求，并能够及时有效地回应人们对美好文化生活的需求，从而促进"全民阅读为全民，全民参与全民阅读"的全方位阅读情境的实现。

第二节　新时代图书馆如何发挥社会主义核心价值观传播作用

公共图书馆作为区域的文献资源中心，扮演着先进文化传播的重要角色，同时也是构建和谐社会的重要场所。其提供的知识服务直接塑造着人们的思想观念和价值取向。这些知识服务包括对知识和信息的收集、筛选、整理、存储、传播以及提供使用等过程。公共图书馆承担了保存人类文化遗产、开展社会教育、平等传播信息服务、开发智力资源、提供文化休闲娱乐、倡导社会阅读以及文化传播服务等多种社会功能。

一、用新时代中国特色社会主义思想引领图书馆文化建设

（一）营造正能量聚集的文化氛围

要坚持以习近平新时代中国特色社会主义思想为指导，深入学习贯彻党的二十大精神，并积极开展广泛的社会主义核心价值观宣传教育活动，持续加强图书馆文化建设。首先，始终把政治建设摆在首位，确立"四个意识"，坚定"四个自信"，要求领导干部严格遵守政治和组织纪律，馆员们则应该以身作则，切实履行职责，持续培养遵守和执行政治纪律的自觉性，保持正能量的持续聚集。其次，采用多种方式，如邀请专家讲座、培训学习、鼓励实践等，督促馆员积极学习新知识、掌握新技术，以适应现代图书馆职业的需求。再次，结合制度约束和人文关怀，激励广大干部职工，不断完善自身

职业生涯，实现个人价值和图书馆的共同愿景。在处理事关职工切身利益的事务时，要尽量做到公平、公开、公正、透明，聚集正能量，减少负能量的传播，营造图书馆独特的文化氛围，并以独特的文化魅力感染和推动广大群众不断提升文化素养。

（二）用优秀作品充实群众的精神文化生活

为培育和践行社会主义核心价值观，图书馆应扮演引领先进文化的重要角色。首先，提供弘扬正气、引导正确人生观和价值观的优秀图书文献，以图书馆在精神建设方面的正确导向作用，帮助读者树立积极正确的思想观念。其次，加快图书馆信息化建设步伐，与数字化信息接轨，探索"互联网+图书馆"新模式，更好地满足读者多元、多样化的文化需求，使图书馆适应现代社会快节奏的生活方式。最后，积极扩大推介渠道，吸引更多人参与图书馆活动，借助先进文化影响和丰富广大群众的精神文化生活，提升全民文化素养。通过这些措施，让图书馆成为广大群众喜欢并愿意前往的场所，夯实新时代中国特色社会主义的思想道德和先进文化基础。

（三）开展全民阅读，创建美好精神家园的通道

公共图书馆作为社会主义公共文化服务的重要组成部分，应将培育图书馆馆员职业精神纳入事业发展管理中。这意味着要加强文化认同、凝聚民心、振奋精神、提高素质、改善风气、建构核心价值观，广泛展开全民阅读活动。着眼于文化引领和道德习惯的培养，图书馆应不断创新文化活动形式，主动担当先进文化传播者的角色。除了向社会公众免费提供阅读推广服务外，还应将推动和服务全民阅读作为法定义务。这包括通过阅读指导、读书交流、演讲诵读、猜谜游戏、图书共享等活动，广泛吸纳社会资源和力量参与。这些活动不仅能让馆员及读者领会先进文化精髓，也能在活动中培养情操、提升品质，为广大群众构建美好精神家园提供通道。

二、强化服务意识，提升公共服务能力

（一）以人为本，处处体现人文精神

"读者至上，服务第一"将"以人为本"的管理理念融入公共图书馆的日常管理工作，以全面提升事业发展水平和服务能力，以满足人民群众不断增长的需求为目标。这意味着在图书馆馆舍设计、读者阅读引导、服务环境创设以及日常图书借阅等方面，不仅要考虑为普通读者提供更为便捷舒适的阅读环境，还要充分关注老年人、残障人士、患病者、孕妇等特殊群体的需求，提供人性化设施，满足不同阶层读者的需求。同时，图书馆应在为读者提供服务的整个过程中贯穿人性化服务和人文关怀的理念。

（二）牢记服务宗旨，塑造良好形象

在进入图书馆时，应树立"人人是文化窗口，个个是文化名片"的服务理念，将"读者至上，服务第一"的宗旨牢记心中。将读者的满意度视为服务质量高低的唯一标准，并将其视为图书馆职业道德的最高准则。传播知识的形象与优质服务形象、环境整洁舒适的形象有机融合起来，培养出一种工匠精神：在为读者服务时展现出一视同仁、诚挚友善、言行文明、态度谦逊；在处理读者与馆员关系时表现出礼貌真诚、宽容谦让、真诚对待，不分老幼；在岗位上展现出对工作的热爱和敬业精神，默默奉献、团结合作。这种工匠精神体现了馆员的文化素质和道德修养，是在为读者服务过程中表现出来的职业操守。这种精神不断增强图书馆在文化建设方面的影响力，扩大宣传力度，从而提升图书馆在社会中的地位。

（三）重视地方文献研究与利用，提高地方文化自信

地方文献是记录本地区政治、经济、文化、教育、重要人物事迹、风土人情、民俗等方面的重要资料。作为地方文献的保管中心，图书馆除了管理和保护地方文献外，还应加强对其挖掘、研究和利用。首先，积极挖掘、整理具有本地特色的历史文化资料，并以高水平的文化实力提升图书馆在本地

文化方面的影响力,突显地方文化在经济、社会发展中的重要地位。其次,通过举办地方文献展览等多种宣传手段,让更多当地居民了解地区政治、经济和文化发展的历史,提高地方文化在群众中的认知度。再者,加强地方文献的研究与利用,将历史文化与产业结合,吸引国内外企业参与地方经济建设,为地方经济的繁荣和发展作出贡献。同时,提升地方文化特色在全国的知名度和影响力,增强地方文化自信心,逐步使图书馆成为地区文化建设的主要参与者和推动者。

三、正确引导,营造崇德向善的良好社会风气

(一)引导读者用正确的行为规范自己的言行

根据党的二十大精神,图书馆应以培养"热爱祖国、诚实守信、责任担当、德才兼备"的人才为己任。从引导读者养成良好的阅读习惯开始,图书馆应引导读者遵守公共图书馆的相关规定,自觉养成爱护文献和设施设备、合法利用文献信息、按期归还借阅文献、在阅读交流中保持低声细语,以及书籍阅后归位等阅读好习惯。这样的做法能够使读者在阅读中逐渐养成自觉维护图书馆正常秩序的习惯,进而使规矩成为读者和社会普遍遵循的行为准则,最终带动良好的社会风气的形成。这种引导不仅培养了读者的品德和素养,也促进了文明社会建设。

(二)形成崇德向善良好社会风气

通过图书馆丰富的文化资源,深入挖掘中华优秀传统文化。可采用多种形式,如道德讲堂、好人榜、身边的人讲身边的事等,来弘扬助人为乐、见义勇为、公平正义等美德,使之成为社会的主流价值观。借助榜样的力量,激发人们的向上向善精神,为全社会树立崇德向善的良好风气,激发道德力量,推动人们向更高境界迈进。这样的举措能够展现中华文化的永恒魅力和时代风采,对社会的道德建设和文明进步具有重要意义。

第三节　全民阅读与新时代美德健康生活方式

一、新时代美德健康生活方式

新时代美德健康生活方式是一种面向全面建设社会主义现代化国家的生活方式。它既顺应社会主义市场经济的要求，又体现了中华优秀传统文化、民族精神以及时代精神。这种生活方式的根本基础是社会主义核心价值观，它通过加强个人品德修养和良好习惯的培养，调整人际关系和社会互动，从而影响和引领人们的日常行为。

新时代美德健康生活方式与社会主义核心价值观息息相关。社会主义核心价值观是我们共同的道德基础，而新时代美德健康生活方式则是将这些价值观具体化为行为和生活习惯。它们相互支持、相互促进，实现了社会主义核心价值观在日常生活中的体现。

新时代美德健康生活方式继承和弘扬了中华优秀传统文化的精髓。这种生活方式不是简单的模仿传统，而是从传统文化中汲取精华，融入现代生活，体现了对传统智慧的尊重和传承。

新时代美德健康生活方式是文明健康生活方式和绿色低碳生活方式的具体体现。它不仅强调道德品质的提升，还促进了人们的文明行为举止、健康生活习惯以及对环境的尊重和保护。

美德与健康相辅相成。新时代美德健康生活方式注重培养良好品德，这些美德会促进健康的身心发展。美德和健康相辅相成，互为因果，对个人和社会的健康发展至关重要。

二、阅读推广

阅读推广是指由不同机构或个人开展的活动，旨在帮助受众提升阅读兴趣、培养阅读习惯、优化阅读质量和品位、提高阅读能力和理解水平。其语境可以分解为"阅读"和"推广"两个方面：

首先是阅读：指个体从书籍或其他文字资料中获取信息、拓展知识、培养思维，以及获取审美体验的行为。这涵盖了从阅读中获取信息、学习、发展个人视角和理解事物的过程。

其次是推广：指通过传播、宣传和引导，影响接收者的态度和行为。在阅读推广工作中，这意味着通过多种方式和渠道，激发、鼓励并帮助更多的人参与阅读活动，从而培养阅读习惯和提升阅读能力。

在阅读推广中，主体涉及各类机构和个人。这包括国际组织、政府、图书馆、教育机构、媒体、出版机构、社会组织、企业和个人。他们可能从不同角度参与推广活动，可能是倡导者、策划者、组织者、执行者或管理者，从而在不同层面促进阅读推广活动的开展和有效性。这些主体在阅读推广中扮演多元且重要的角色，共同努力促进阅读文化的传播和提高阅读水平。

阅读推广的目标人群广泛而多样化，取决于不同阅读推广机构或个人的定位和服务目标。一些典型的目标受众和重点人群包括：第一种是全体公民，针对公共图书馆等提供无差别、均等化知识服务的机构，全体公民是阅读推广的广泛目标人群。这包括了社会各阶层的人群，致力于推动所有人都能享受阅读的乐趣和益处。第二种是特殊人群，这些人群可能因各种原因在阅读推广中需要特别关注。例如，缺乏阅读意愿的人、文化水平低或阅读技能不足的人、受到经济社会环境限制不善于阅读的人、残障或身体不便的人、年龄太小或太大无法正常使用图书馆资源的人等。对于这些人群，阅读推广的目标在于帮助他们克服障碍，享受阅读带来的益处。第三种是学生和教学科研群体。对于高校图书馆等重点提供学科知识服务的机构，学生和教学科研群体是主要的目标受众，旨在为他们提供所需的学术资源和支持。

阅读推广的内容是多元的，包括但不限于阅读资料选择、阅读习惯养成、阅读能力培养、阅读兴趣提升等方面。无论是通过活动介入、知识提供还是心理引导等方式，阅读推广的本质都是服务读者，帮助他们享受并从阅读中获益。

公共图书馆在社会中发挥着重要的作用，作为具有多元化服务功能的文化教育机构，它们致力于为社会公众提供阅读服务，推动全民阅读。因此，图书馆作为阅读推广的主体之一，不断努力为社会大众提供各种阅读服务，促进阅读习惯的养成和阅读水平的提高。

图书馆阅读推广的工作目标主要包括以下四个方面：①引导不太热衷于阅读的人群培养阅读兴趣；②教导缺乏阅读技能的个体提升阅读能力；③协助面临阅读困难的个人克服障碍；④通过提供高质量的阅读服务，提高公众阅读的效率。

梳理阅读推广的内涵和外延，并清晰界定阅读推广的核心特点，能够帮助我们深入了解其实质，把握阅读推广的本质和关键，从而明确图书馆在阅读推广方面的定位，并准确找到合适的合作对象。

第四节　全民阅读赋能新时代美德健康生活方式的路径研究

一、公共图书馆阅读推广

推动全民阅读需要社会整体共同努力，而公共图书馆是其中的关键。其主要使命在于进行社会教育、开发智力资源，形成一所没有围墙的大学。将馆藏资源进行深度整合和聚焦，提炼其中最有价值的部分并进一步系统化、专题化，有针对性地向大众推送，突显了公共图书馆在信息过载时代的重要作用。这一使命的核心，简言之，即阅读推广。

图书馆阅读推广的基本要素有两个：一是聚焦，二是创意。聚焦是图书馆阅读推广的基本原理。图书馆阅读推广，如果把整个馆藏全部推荐给读者，就没有重点，等于没推荐。世界上没有这样的阅读推广，所以必须聚焦到部分有吸引力的馆藏。那么何为有吸引力的馆藏？这就牵涉到图书馆阅读推广的第二个要素——创意。有的馆藏，本身并没有吸引力，但可以通过创意、策划，将其变得有吸引力，如集中推出常年无人借的书，或者最难懂的书，通过激将的语言，挑起读者的阅读欲。提及"具有吸引力的部分馆藏"，自然而然地要从"人文经典"着手。

（一）弘扬经典精神

"在阅读已经快要变成生存需求阅读的当下，图书馆是否要做这方面的检讨？图书馆虽然是传播知识的场所，但如果将这种所谓的'知识'绝对化、唯一化，也许就破坏了阅读原有的'生态平衡'。阅读，特别是文学作品的阅读，只有在强调兴趣、强调情感陶冶的前提下，才能实现文化传递、审美教育的功能。图书馆正是通过这样的方式，才将人塑造成一个完整的人，其实这也是公共图书馆区别于其他教育机构得以存在和发展的最大理由。"[①]

文化守护者们深感痛心，因功利主义所导致的对阅读目的的曲解和异化，以及文学作品阅读逐渐被边缘化的困境。有专家从经典式微的角度进行分析指出："文学经典之所以成为文学经典，就群体而言有赖于一元中心的文化机制，就个体来说需要某种中心信仰。但这个根基在后现代文化语境中受到了质疑。"换句话说，在功利至上、推崇即时享乐、消解意义的空虚狂欢的大环境下，"自由""个性""随心所欲""独特性"这些词汇成为商业广告的用语，成为大众文化的主流。而与之对立的价值观——推崇精神秩序、探索人类共通情感、理性地追问人生处境和人性弱点的思考，在面对选择时进行挣扎等独特的阅读体验，则显得与时代格格不入。

重返"自由"的首要条件是重新进入"意义场"。而阅读在准备思维和情感上是我们自我教育、重新进入"意义场"的最经济、最有效的方式。在这一点上，公共图书馆作为倡导非功利阅读、培养情感、审美教育的主要责任方，承担着重要使命。可以利用博客、网站等现代工具来组织各个阅读层次的人群，通过交流方式扩展经典阅读的魅力，进而通过组织、整理不同思想的碰撞，积累阅读成果并用于指导阅读和鉴赏。在分享与积累的过程中，促进并强化人文关怀，形成良性循环。这样，我们可以不断扩大这个充满深厚文化底蕴的书香空间，让现代人那忙碌焦虑的心灵能够重新回归到内心自由的"桃源秋水"。

周村区图书馆开展的"稷下讲堂"系列讲座活动采取线上与线下相结

[①] 杨祖逸. 阅读——图书馆生生不息的有机体——兼评让·马里·古勒莫的《图书馆之恋》 [J]. 图书情报工作，2009,53（17）:138-140.

合的形式，旨在搭建知名专家学者与社会公众的双向沟通桥梁，传播人文知识，促进交流共享，塑造人文精神，弘扬优秀民族文化，提升市民人文素质和内心修养。通过活动开展，传承经典，聚焦新时代，积极发挥文化阵地作用，进一步充实了广大市民精神文化生活，推进全民阅读工作，坚定了文化自信。

（二）学校教育关注阅读空白

探索新的阅读推广方式，与学校教育优势互相补充。如今，技术不断发展，社会分工细化，竞争、效益、效率成为时代的关键词。为了培养符合社会需求的学生，为了让毕业生在激烈的市场竞争中保持优势，教育倾向于强调工具性属性，而将阅读、人文教育等本质要求推迟或忽略。目前，除了高校图书馆外，很多幼儿园、小学、中学的图书馆几乎荒废，或者对学生关闭，或者只提供教科书。他们认为学生课业繁重，没有时间读课外书。然而，实际原因是课外阅读无法立即展现可评估的效果，因此被学校忽视。

苏霍姆林斯基指出，缺乏读书气氛和需求是学校教育的危险所在，整个教育制度可能会因此垮掉。朱永新则强调，缺失文化教育会导致儿童进入一个陌生、抽象、片面和异己的地带，精神失落会带来精神世界的浮躁、迷误、幽暗甚至荒芜。在这种情况下，教育出来的孩子可能会是有知识但没有灵魂、有技艺但没有根底、有智力但没有情怀的"怪物"。因此，我们应该注重培养学生的阅读能力，营造浓厚的读书氛围，激发他们的阅读需求，以确保学校教育的质量和效果。

香港公共图书馆针对学校教育中的阅读留白问题，采取了"阅读大使计划"这一积极的介入措施。该计划旨在为学校提供建议、运作形式和资源，同时为参与学校提供一套可供选择的图书。在条件允许的情况下，参与学校须在学年结束时将读书会的活动设计方案上传至网上读书会。此外，图书馆还会邀请专业导师进行培训讲座和工作坊，为阅读大使传授分享阅读和组织读书会活动的方法。

在这一过程中，图书馆的角色发生了转变，从过去的包揽一切的"号召人"转变为现在的"参考咨询者"和"资助者"。他们不仅邀请专业导师对阅读大使进行专业培训，还邀请学校分享读书会的经验，并将这些经验制成视频放在网上供大家学习。这种全程参与和推动的方式，成功地将阅读的种子播撒到学校教育中，弥补了"课外阅读的空白"。

这一模式展示了公共图书馆和学校教育之间的优势互补和团结协作的成功模式。通过这种合作方式，公共图书馆能够更好地履行其社会职责，为学校教育提供支持和补充。同时，学校也能够充分利用这一平台，提高学生的阅读兴趣和能力。

除狭义的阅读活动之外，公共图书馆界长期开展的"暑期阅读"活动正在转型升级为"暑期学习"。这包括构建专用的创客空间、思想者实验室等形式的图书馆空间重构，青少年和成人都发现图书馆是一个终身学习的好地方。此外，越来越多的图书馆为用户提供一个中立的空间，方便用户会见邻居、讨论并解决重要问题。

（三）立足公共文化，利用新技术，做好文化传承

除了倡导人文经典阅读内容并尝试与学校教育相补充外，近年来"阅读推广"活动的另一着眼点是整合和保护公共文化遗产。总的来说，公共图书馆作为"没有围墙的大学"，坚守着"自我教育"的信念，注重关注人本身的需求，推崇传播人文经典、非功利阅读以及情感陶冶。在当今强调工具理性的社会，这项使命被压缩成以"阅读推广"为口号的一系列活动。这些实践表明：以学校教育的缺失为出发点，促进和支持阅读；随后，通过阅读引发兴趣培养活动，为青少年创造性发展提供机会，为成年人探索新思想、培养兴趣和拓展职业生涯提供机遇。此外，公共图书馆还为居民提供了中立的空间，用于交流、讨论和解决问题，这是弥补学校教育中"人文关怀缺失"的重要方式。除此之外，公共图书馆对于最新信息技术保持高度敏感，重新整合文献资源，加强联合与共享，也成为在"网络时代"推动社会文化教育事业发展的重要契机。

为充分发挥公共图书馆引领全民阅读的主力军作用，提升广大社会公众的阅读兴趣和阅读能力，周村区图书馆参与到淄博市市馆联合各区县公共图书馆组成的阅读推广联盟中，积极打造"齐阅·城市领读者"全民阅读推广

活动新文化品牌。

这项活动作为 2023 年建设"书香周村"全民阅读推广系列活动之一,将持续优化资源建设方式,加强优质阅读推广和服务,以丰富的渠道和方式推进阅读融入生活,培养全区人民"爱读书、勤读书、读好书、善读书"的良好习惯,以满足人民群众日益增长的精神文化生活需求。

二、家庭阅读推广

(一)家庭阅读是全民阅读的基础

阅读是对知识和文化的尊重,是人们精神生活中不可或缺的重要元素,也是提高整体素质的基础途径。习近平总书记在十九大报告中强调:"要坚定文化自信、推动社会主义文化繁荣兴盛。"而公共图书馆作为社会文化服务机构,在培养全民族文化自信方面具有重要的社会功能和引导责任。通过图书馆推广家庭阅读,让家庭成员沉浸在书海之中,不仅能够获取广泛的知识、吸收丰富的营养、增进知识储备、培养个人品质和高尚情操,同时也能够减缓焦虑、调节情绪,让家庭成员得到放松和休闲。将良好的阅读习惯视为家庭生活的必需品,使增加阅读的投入成为共识,这样无数个家庭就有可能成为书香家庭,从而形成书香社会。这不仅巩固了全民阅读的基础,也展现了祖国五千年优秀文化的自信风采。

一位西方教育名人曾说过:"阅读是终身教育的优秀方式。"建设书香家庭需要家庭成员共同学习、共同努力。如今,尽管人们的物质生活得到了巨大的提升,却在一定程度上忽视了自身精神文明建设。加之家长生活节奏加快,知识透支,对于孩子出现的问题,缺乏有效的及时交流沟通方式,导致孩子在成长过程中缺乏明辨是非、判断对错的能力,突显出家庭教育问题。阅读有助于平复人们的内心,公共图书馆推广家庭阅读,能让家庭成员在学习中思考、在思考中体悟,理清事理、转变思维方式,接纳卓越文化的滋养,促进心理健康、塑造人格。通过培养良好的道德情操、积极向上的言行互相影响,共同提升家庭和谐,进而推动整个国家的长远发展。

（二）我国家庭阅读现状

研究表明，全民阅读调查发现了家长阅读习惯对孩子阅读喜好的直接影响。2023 年，我国亲子阅读的现状调研数据显示，无论父母还是孩子，都认为亲子阅读不单对亲子关系与家庭价值的提升有明显帮助（87.2%），还促进了孩子人文素养（87.8%）、科学素养（86.2%）与精神素养（83.8%）的积淀，对其社会化能力的培养（84.8%）也可助力孩子的长远发展。

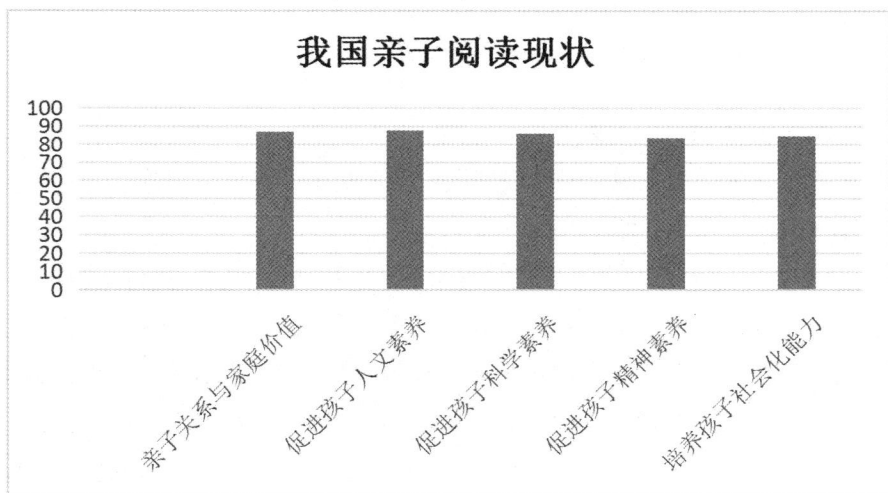

孩子的阅读水平与家庭条件、家长学历和态度等息息相关。当前，我国的家庭教育主要侧重于孩子的学业和身体发展，但在阅读方面存在诸多问题，诸如家长对阅读的认知不足、理解有偏差，以及缺少家庭阅读的环境和引导。许多家长忙于工作，缺乏阅读的习惯；一些家庭条件虽好却不重视阅读习惯；有些家长虽然受过良好教育，却未能意识到阅读的重要性；还有一部分家长虽然意识到阅读的重要性，但却不清楚如何引导孩子进行阅读。"甚至在陪伴孩子阅读的实践中，有 83%的家长表示'不知道如何培养孩子的阅读兴趣'；35.14%的家长表示'不知道购买什么书给孩子'；34.06%的家长表示'不知道如何安排孩子的阅读时间'；28.88%的家长表示'不知道如何辅导孩子进行阅读'。"

在这种情况下，公共图书馆作为全民阅读的主要场所，承担着倡导、组织和实施家庭阅读的重要责任，有责任在宣传家庭阅读重要性和指导家庭阅读推广方面进行大胆尝试和创新。作为公共资源，图书馆应根据本地实际情况，争取政府的支持和重视，增加对阅读推广工作的宣传和投入；同时，应广泛与学校、社区、家庭等社会组织展开合作，通过各种阅读推广活动教育家长了解阅读的重要性，塑造孩子正确的价值观和阅读观念。此外，图书馆作为阅读服务、教育和引导的场所，应该积极开展阅读推广活动，激发孩子的阅读兴趣，发挥其在阅读服务和教育引导方面的作用。

（三）目前家庭阅读存在的问题及原因分析

1.家庭阅读存在的问题

尽管公共图书馆积极倡导家庭阅读，但现实中家庭阅读面临着多种问题，主要体现在以下几个方面：

（1）家庭阅读观念陈旧：家庭阅读不仅仅指孩子阅读，更应该是家长和孩子共同建立的阅读氛围。然而，现实中家长和孩子的阅读多数情况下是为了完成学习任务。现代社会的竞争压力使得家长工作生活繁忙，因此他们的阅读时间受到了直接影响。而家长谈论阅读更多地强调教育功能，关注于如何提高孩子的学习成绩，以及如何备考各种考试。在图书馆中，更多的是考试资料和辅导书籍，而涉及陶冶情操、启迪心智的书籍较少，尤其在寒暑假期更为明显。对学生和考试人员而言，图书馆仅仅是完成任务的场所，而非真正探索知识、接受教育的圣地。

（2）公共图书馆在促进家庭阅读推广方面面临着能力不足的问题：受经费限制，图书馆在图书采购和举办各类家庭读者活动等方面能力有限。仅靠有限的经费很难购买足够数量的书籍，也无法及时举办针对性强、有前沿性的读者活动或邀请知名专家学者为读者进行各种讲座和培训，无法满足家庭阅读的需求。图书馆在服务读者时，主要关注图书的借还，而没有真正发展和推广家庭阅读模式，缺乏对家庭阅读实际情况的充分了解，因此难以提高家庭阅读服务质量。

（3）家庭阅读资源匮乏也是一个问题：当今图书种类繁多、价格较高，而我国国民对于文学类简装图书的平均接受价格为 14.42 元左右，而社科类和自然科学类图书的价格则分别在 25 元和 30 元左右，杂志平均价格约 27 元。这些书价远高于国民平均收入的增长速度，限制了人们的购买需求，减少了家庭的阅读量。此外，一些出版社过度追求经济指标，只注重图书数量而忽视内容和创新性，导致优质家庭读物严重短缺，内容水平高、创新性强的精品书籍少见。

2.家庭阅读存在问题的原因分析

（1）家庭阅读在现代教育中呈现出浓厚的功利性色彩。现代家庭教育着重于孩子的升学、就业以及各种资格证书的获取，因此围绕家庭阅读的书籍也主要是以功利性为导向。目前的中学教育偏向于使用各种教辅资料和考试应试的教学方法，学生所阅读的书籍大多与提高考试成绩相关，而涉及启迪心智、陶冶情操和励志成长等方面的阅读材料数量较少。同时，参加各种资格考试的求职人员和职业人士也面临严峻的问题。随着社会的发展，各行业的规范制度日益完善，各种职业所需的资格证书门槛也在逐步提高，成年人参加各类资格考试屡见不鲜。因此，在许多家庭中，虽然成人和孩子共同学习，但学习氛围仍然以"有用"的教材、工具书、辅导书以及专业资格用书为主导，而忽视了对于家庭阅读兴趣的培养。

（2）公共图书馆在发展方面存在不平衡，导致家庭阅读利用率较低。作为基础社会公共文化服务机构，图书馆应满足大众文化需求，解决人们学习生活中的问题，并保障精神层面的满足。然而，我国公共图书馆事业的发展存在地区间的不均衡，使得在促进家庭阅读方面的能力不足。发达地区的图书馆发展迅速，地方财政拨款充足，各方面得到持续支持，因此能够为开展家庭阅读提供充足的条件并收到理想的效果。而欠发达地区的图书馆由于多种原因发展缓慢，积累不足，在人员、财政、资源等方面存在较大差距。在西部和偏远山区的一些图书馆，多年未获得购书经费，长期未更新图书馆藏，甚至面临生存危机。在这些地区，推进家庭阅读面临着诸多困难，无法保障各种模式、经费、人员素质、技术设备、服务拓展等所需，难以满足家庭阅读的需求。

（3）书价混乱且种类繁多，缺少高质量的阅读精品是目前的现状。首先，在图书价格方面，我国一直采用固定价格制度，即图书价格印刷在封面上，不允许在销售过程中随意打折。但现实中，图书销售经常打折促销，这导致了价格制度的失效，也是书价居高不下的原因之一。盗版图书长期泛滥，其价格远低于正版图书，对追求低价读物的读者非常诱人，但对图书价格的稳定性造成了严重影响。

其次，高质量的精品图书数量较少。随着经济的发展，以营利为导向成为主导趋势。在阅读内容上，以前重视意识形态教化内容的图书数量大幅减少，而娱乐性质的刊物、画报、明星传记、回忆录、家庭生活、日常保健、美容健身类图书大量涌现。因此，各种低俗化、平庸化的图书大量生产，并因商业利益占据市场。相比之下，那些传承性强、优质的精品图书占比较少，这严重影响了家庭阅读的质量。

（四）图书馆开展家庭阅读推广的优势与重要性

1.有利于促进家庭和谐与社会稳定

随着经济的发展和社会的进步，人们的物质生活水平发生了巨大变化，物质价值的追求被广泛认同。许多人认为财富的积累是个人奋斗的重要标志。在这种价值观的影响下，很多家庭在学习方面变得急功近利，大人的职业、就业，以及孩子的教育等问题变得更加突出。然而，阅读被视为人们一生中永不枯竭的宝贵财富。通过阅读，人们的心智得到启迪，视野得到开阔，知识得到积累，人际交往能力得到提升。推广家庭阅读在图书馆等机构的努力下，有助于家庭成员培养良好品格和健全人格，促进家庭和谐，进而对社会的稳定和长期安宁起到积极推动作用。

2.有利于提升社会大众的综合素质

一个国家能否提升整体国力，取决于公民是否具备优良的综合素质。这种素质主要来自家庭对个体的教育。家庭是社会的基本组成部分，而家庭和睦是构建和谐社会的基础。培养家庭成员对阅读的热爱，有助于提高公众的文化水平，创造出充满诚信、友善和平等的精神环境。图书馆推广家庭阅读，有助于塑造公民良好的道德品质，对促进社会的发展和进步具有良好的推动作用。

（五）公共图书馆开展家庭阅读推广的建议

1.树立正确的家庭阅读理念

家庭成员要成为家庭阅读的主要参与者（包括成人和儿童），特别是成年读者，需要转变阅读观念中的"功利主义"，建立终身学习的理念，培养对家庭阅读的兴趣，多读好书、乐在阅读，并提升家庭阅读能力。公共图书馆可以从两方面入手：首先，制定家庭阅读指南。家庭阅读的指导应有针对性、适用性，并避免盲目或随意的阅读。制定家庭阅读指南能使家长和孩子了解家庭阅读的内容、意义和作用，并为家庭成员推荐适合的阅读材料。这种参与家庭阅读活动的方式不仅满足了家庭成员的阅读需求，还有助于提升整个家庭的阅读能力。其次，合理安排家庭阅读时间，培养家庭阅读习惯。无论是家长还是孩子，若没有合理安排阅读时间，很难达到既定的阅读目标。因此，家庭阅读需要规划好阅读时间，将阅读视为生活方式和需求，无论是在学校还是在家中，培养出良好的家庭阅读习惯。

2.加大公共图书馆的财政投入力度，提高家庭阅读利用率

图书馆的发展是综合性的，对整个社会文化生活有积极影响。因此，推进图书馆事业的发展需多部门多角度共同参与，而不是由单一部门或单位来决定。首先，需要积极争取相关部门对公共图书馆的财政支持。对事业发展经费，尤其是图书采购、资源建设和基础设施等方面的经费问题，应向相关部门进行专题汇报，并寻求他们的支持。应将相关经费纳入政府年度财政预算中，以提高公共图书馆的财政支持。其次，需要鼓励社会力量参与公共图书馆的建设，促进图书馆事业的发展。公共图书馆应与学校、医院、出版社、培训机构等单位积极合作，共同推动图书馆的建设。一方面，图书馆拥有广泛的人脉资源，可对合作单位进行广泛宣传，提升其形象和影响力。另一方面，图书馆可积极争取合作单位的经费支持，从一定程度上解决财力不足的问题，实现双赢局面，促进家庭阅读推广。

3.完善图书价格监管体制，建立图书阅读书目

首先，相关部门有必要积极制定符合社会主义市场经济的图书价格管理体制。这一体制应明确制定图书价格的原则和目标，特别对图书定价方法和

规定进行详尽规范，以引导图书出版单位和经销商自觉遵守图书价格法规，杜绝任意打折、盗版等可能影响图书价格的行为，以实现图书价格的决策化和制度化管理。其次，应当精心策划阅读书单并积极推广书评。公共图书馆应尽力了解不同家庭的文化水平、职业性质、阅读兴趣和需求，广泛收集家长和孩子的意见，精心策划各类家庭阅读书目，让家庭成员在有限时间内了解书籍内容要点，选择适合自己的读物。同时，图书馆可通过网站、媒体、社交媒体、宣传栏等渠道展开书评活动，让读者随时了解各类图书的质量，以激发家庭阅读的主动性，提高家庭阅读的参与度。

三、学校阅读推广

（一）高校联合公共图书馆开展进行阅读推广

党的二十大报告指出要"深化全民阅读活动"。2023 年 3 月，教育部等八部门印发《全国青少年学生读书行动实施方案》，针对大学生群体明确指出："大学阶段要引导人文社科类专业学生加强科技史、科学发展趋势等方面的阅读，理工农医类专业学生加强文学、历史、哲学、艺术等方面的阅读。"高校图书馆作为大学生阅读的重要阵地，应该积极响应"深化全民阅读活动"的时代要求，为建设书香校园贡献应有的力量。

近年来，图书馆提倡"以读者为中心，以服务为主导"的服务理念，举办各种阅读推广活动，加大对资源和服务的推广力度，激发读者利用图书馆的兴趣。优秀的阅读推广活动有利于发挥图书馆的功能，塑造图书馆正面的形象，同时发挥着"润物细无声"的形象识别作用。

新信息环境下，读者对阅读推广服务呈现出多方位、全面性、独特性的需求特征。高校图书馆要努力适应新环境的变化，挖掘自身所具备的服务潜力，不断融入新的理念，延伸和拓展阅读推广服务的内容和形式，提高阅读推广服务的质量，吸引既有的和潜在的读者群，充分发挥阅读推广服务的效用。

2023 年 12 月 19 日，周村区图书馆志愿服务团队走进淄博职业学院，在

第二课堂活动中心组织开展"悦读阅美·魅力非遗"非遗阅读进校园系列活动第一期，带领大家感受软陶魅力。将传统文化融入校园文化建设，使青少年近距离接触传统文化，感受中华民族优秀传统文化魅力。

后续活动筹备工作也在有序进行中。周村区图书馆志愿服务团队不仅将继续在大学校园推进非遗阅读系列活动，还计划引入更多元化的元素，如传统手工艺体验、非遗技艺展示等，以更好地激发学生们对传统文化的热情。这一系列的阅读推广活动旨在通过与非遗文化的结合，让大学生更好地理解和感受中华传统文化的深厚内涵，促使他们对非物质文化遗产有更深入的了解。

（二）中小学图书馆对书香校园建设的意义

1.中小学图书馆是书香校园建设的主要阵地

学校应致力于打造具有浓厚阅读氛围的书香校园，通过丰富图书资源、整合多元阅读资料、举办多样化阅读活动，促使师生形成持续的阅读习惯。图书馆作为静谧、舒适、充满文化气息的场所，为师生提供理想的阅读空间；丰富的藏书资源，为师生提供多样化的阅读选择；而各类阅读推广活动则能激发师生的阅读热情。中小学图书馆作为学校阅读活动的核心场所，其工作任务与书香校园的最终目标是一致的，因此，中小学图书馆应承担书香校园建设的主要责任。

2.中小学图书馆阅读推广工作是书香校园建设的中枢环节

在当前学校教育以学业成绩为主要评价标准的背景下，建设书香校园必然是在教育教学基础上拓展的校园阅读推广计划。中小学图书馆凭借其丰富的馆藏资源，通过多样化的阅读推广活动，与教育教学工作相辅相成，致力于激发全校师生的阅读热情。中小学图书馆依托学校管理机制，努力促进图书管理与基础教育的跨界互动。

3.中小学图书馆馆员是书香校园建设的中坚力量

中小学图书馆馆员是该图书馆最重要的组成部分，他们是推动阅读推广、发挥核心价值和实现馆藏文献资源高质量建设的核心要素。他们的努力工作支撑着图书馆的借阅服务、阅读推广等各项工作。作为中小学图书馆阅读推广工作的主要推动力量，馆员也是书香校园建设中的关键力量。

（三）中小学图书馆阅读推广工作的困境

近年来，高考改革措施不断出台，强调阅读能力在考试中的重要性。然而，许多中小学生缺乏通过图书馆阅读的习惯，很少进行与课本无关的拓展性阅读。因此，中小学图书馆急需有效的阅读推广工作，以培养学生在校期间的良好阅读习惯，为他们未来的终身发展打下坚实基础。目前，中小学图书馆在开展阅读推广方面面临诸多困难，需要克服各种障碍，方能充分发挥其在学生阅读培养中的作用。

1.中小学图书馆人才缺乏

阅读对于学生的重要性不言而喻，然而中小学图书馆在培养学生阅读习惯方面的价值尚未得到广泛认可。许多学校安排即将退休的人员担任图书馆馆员，而图书馆专业人员担任图书馆管理员的情况并不常见。一些中小学图书馆甚至由老年人、身体欠佳的人员组成，难以开展常规工作，更遑论重要的阅读推广。这导致许多中小学图书馆在学校内失去了应有的地位，成为名存实亡的部门。

2.学生阅读热情不高、阅读时间不足

学生对于动画、游戏等娱乐形式表现出浓厚的兴趣，相比之下，对书本知识的阅读兴趣不高是阅读推广效果不理想的主要原因。此外，一些对阅读感兴趣的学生也因为时间紧迫而无法投入到阅读中。他们需要在学校快速掌握老师所传授的知识，在校外参加各类特长培训，导致课外阅读时间严重不足。尽管随着"双减"政策的推进，学生到图书馆借阅图书的人数有所增加，但学生的阅读热情和阅读时间依然远远不足。

3.老师不配合图书馆阅读推广工作

在中小学阶段，学生主要在课堂上获取文化知识，并且对老师的教导持尊重态度。相比之下，与图书馆馆员相处的时间相对较少，因此中小学图书馆的阅读推广工作很大程度上需要依赖各学科老师，特别是语文老师的协助。

（四）中小学图书馆开展阅读推广工作的策略研究

中小学图书馆的阅读推广工作扮演着重要的角色，它既是激发师生阅读兴趣的关键环节，也是书香校园建设的核心组成部分。图书馆馆员需要克服困难，充分利用图书馆的场地和丰富的图书资源优势。他们可以借助家长、教师以及社会资源的力量，开展丰富多样的阅读活动，从而营造浓厚的阅读氛围，推动整个学校书香校园建设的蓬勃发展。

1.构建科学合理的空间布局和舒适的阅读环境

中小学图书馆的空间布局需要科学合理并充分考虑学生特点，如引人注目的色彩搭配、适宜高度和间距的书架、富有个性和趣味性的桌椅设计等。此外，充足的自然光线、一些生机勃勃的绿植以及展示文化底蕴的名家书画作品或名言警句都可以提升师生的阅读体验。一个优美、舒适的图书馆环境有助于吸引全校师生前来借阅图书，从而实现阅读推广的目标。

2.充实优质图书资源

（1）制定馆藏发展制度

中小学图书馆应制定馆藏发展制度，明确图书馆的发展目标与任务、馆藏范围、采购原则、书刊淘汰标准等方面的制度。每所学校的图书馆可以根据学校的特点、地域文化等因素，制定适合本校独特特色的馆藏发展策略。这样的制度将成为图书馆资源建设的重要依据和指导方案。

（2）科学合理甄选文献

中小学图书馆馆员需要了解各学科教学工作，并根据对师生阅读需求的深入调查，持续扩充图书馆的资源。这包括采购更适合中小学生的书籍，满足他们的阅读需求，并将阅读推广工作与教师的教育工作结合起来，以更好地促进书香校园建设。图书馆在充实馆藏资源时应谨慎选择各种读物，避免购买不适合中小学生身心发展的内容。以前，我校班级图书角的书籍常常是由学生共同捐赠，质量参差不齐。为了改善阅读氛围，我们在全校班级安装了规格整齐、美观实用的图书柜，并为全校师生精心挑选了四万多册新书。其中，有一万多册是根据学生特点和教学需求为每个年级挑选的 40 种书，每种书有 60 本复本数。这些书籍会定期在各班级图书角流通，同时也可供教师组织各种阅读活动使用，如"同读一本书"、阅读课等。

（3）丰富书籍的类别

为了增加学生的图书馆借阅率并充分利用图书资源来推广阅读，图书馆应更多地考虑满足学生的兴趣，使每本书都能更好地发挥作用。此外，应尽量扩大图书的种类。在确保书籍质量良好、内容健康的前提下，馆员不需要刻意排除某一类型的图书采购。

3.优化图书馆管理模式

（1）制定合理的开放时间

中小学图书馆应制定合理的开放时间，可以采取措施将图书馆开放时间与正常教学时间错开，比如在周末、寒暑假等时间开放图书馆，以便学生有更多时间去图书馆借阅书籍。例如，我校图书馆开放时间与学生上学时间错开，中午提前开放，傍晚延迟闭馆，并且学生在寒暑假期间也能借阅图书带回家阅读。

（2）引进方便快捷的管理设备

对于拥有经费条件的中小学图书馆，可以引进现代化的设备，如自助检索机、自助借还机、24 小时自助借阅机等，以减少师生借阅所需的时间，简化借阅流程。这样可以提高师生借阅书籍的效率，吸引更多人前来借阅图书，并长期使用图书馆提供的优质资源，从而促进书香校园建设。例如，我校采用了图创 WEB 集群图书馆智能化管理系统，学生只需将所选书籍和借书证放置在自助借还机上操作，即可完成自主借阅。

（3）优质的阅读引导和服务

图书馆馆员在提供优质服务时应熟悉馆藏资源，了解师生需求和兴趣。当学生或教师无法清晰表达需求时，馆员可根据自身专业知识和馆藏资源推荐合适的图书。馆员在提供服务时应尊重读者的阅读自由，不强加推荐，态度温和有礼。

（4）丰富多彩的读书活动

开展各种形式的读书活动是高效的阅读推广方式，也是书香校园建设的关键内容。利用图书馆的资源和场地，开展图书跳蚤市场、图书交流会、读者俱乐部等活动，为师生提供多元化的交流平台。中小学的各学科社团发展迅速，活动内容多样，可以和图书馆合作开展更多形式的读书活动。这种合作可以为更多师生提供服务，也能通过社团活动吸引学生到图书馆借阅图书。

4.多方联动共同促进

（1）依托教师，让教师成为阅读推广大使

在中小学阶段，学生和教师相处时间较多，教师对学生的影响比图书馆馆员更显著。很多学生来图书馆是因为教师布置的阅读任务。因此，中小学图书馆可向教师推荐优秀图书资源，供其根据课程和课堂设计合理使用。课后作业可包括阅读任务，引导学生积极借阅图书。教师合理利用图书馆资源可丰富课堂内容，向学生提供资源来源，促进学生对图书馆资源的了解，进一步激发阅读兴趣，带领学生走向图书馆。因此，图书馆应积极争取教师的支持，使其成为阅读推广的重要推动者。

（2）家校联动，书香校园带动书香家庭

家庭阅读环境对孩子的课外阅读至关重要，而亲子阅读则是激发孩子对阅读热情的最佳途径之一。当父母与孩子一同阅读时，很容易让孩子感受到阅读的快乐，从而自发地产生阅读兴趣。中小学图书馆在阅读推广中应充分利用家庭阅读的积极影响力，通过家校合作开展亲子阅读活动。图书馆馆员可以利用专业知识指导家长如何进行亲子阅读，包括选择适合的书籍、阅读方法以及如何引导孩子思考等，共同培养孩子良好的阅读习惯，提升中小学生的阅读素养。

（3）借助社会力量共同推动青少年阅读

中小学图书馆在推动阅读过程中，可以充分利用社会上其他公共文化服务机构和人员的力量，共同促进青少年阅读。国家在法律层面支持公共文化服务机构与学校之间的交流合作，以提高青少年的科学文化素养。例如，《中华人民共和国公共文化服务保障法》第十条规定"国家鼓励和支持公共文化服务与学校教育相结合，充分发挥公共文化服务的社会教育功能，提高青少年思想道德和科学文化素质"。《中华人民共和国公共图书馆法》第四十八条规定"国家支持公共图书馆加强与学校图书馆、科研机构图书馆以及其他类型图书馆的交流与合作，开展联合服务"。因此，中小学图书馆可以与公共图书馆、社区图书馆加强合作，例如通过馆校互借，充分利用公共图书馆丰富的图书资源，从而更好地服务青少年的阅读需求。

第八章　基于用户体验的智慧图书馆服务设计研究

第一节　图书馆用户体验

在商业模式中引入用户体验后，其独特作用在我国的多个领域中得到了显著的应用。用户体验是指个人对某一商品或服务使用过程中的感受和评价。在商业中，用户体验的应用非常广泛。企业在生产商品或提供服务时需要重视和收集用户体验，以便对产品或服务进行优化，从而最大程度地满足用户需求。智慧图书馆服务的设计也需要以用户体验为出发点，充分收集和考虑用户体验，据此调整服务，使智慧图书馆能更好地满足读者的需求。

一、图书馆用户体验分析

图书馆的用户体验是指用户在利用图书馆的信息资源、技术设备以及接受服务过程中所产生的一系列感受和心理体验。这种体验完全是主观的，取决于用户在使用产品或享受服务时的个人感受，随着用户对产品或服务的了解程度逐渐加深，用户体验的层次也会相应地提升。

为了提升图书馆的用户体验，图书馆可以通过提供积极、高效、高质量的服务来增进用户体验，比如专业的参考咨询服务、便捷的检索服务、高效的借阅流程等。这些服务可以让用户感到被尊重和重视，从而提升用户对图书馆的好感度。

在现代信息技术飞速发展的背景下，人们对体验的追求更加高涨。借助现代信息技术如大数据、物联网、云计算等，智慧图书馆建设能够更准确地了解用户需求，并根据用户的多样化和个性化阅读需求采取有针对性的服务措施。例如，通过分析用户的阅读习惯和兴趣，智慧图书馆可以为用户推荐合适的书籍和资料，提供更加个性化的阅读建议和服务。

此外，优化图书馆的场馆建设等多种方式也能有效促进图书馆用户体验的提升。比如，营造温馨舒适的阅读环境、提供足够的座位和充电设施、设置便捷的借阅柜台等，这些都可以让用户感到更加舒适和便利，从而提升用户对图书馆的好感度和使用体验。

二、图书馆用户体验要素

用户体验无疑是衡量智慧图书馆服务体系建设水平的核心指标，这一点至关重要。为了实现这一目标，智慧图书馆必须精准地把握多个影响用户体验的因素。下面我们将对这些能够对用户体验产生直接影响的要素进行深入分析。

（一）场景体验

场景体验在用户体验中占据至关重要的地位，它对用户感受产生直接且显著的影响。所谓场景体验，是指用户在图书馆内部阅读时对环境、阅读氛围以及人际交流环境等多方面的直观感受。它涵盖了图书馆的内部布局、硬件设施以及各种环境因素，如温度、湿度和采光等，这些都会对用户的场景体验产生决定性的影响。

一个良好的场景体验能够给用户带来直观且积极的感受，使他们在图书馆内阅读时感到舒适和愉悦。这不仅可以提升用户对图书馆的满意度，还可以增进他们对图书馆的好感，从而有助于提高图书馆的利用率和使用率。

在图书馆的硬件设施方面，桌椅的舒适度、书架的布局以及图书馆内部的空间规划等都会影响到用户的场景体验。比如，如果桌椅设计得不够舒适，用户在长时间阅读后可能会感到疲劳；书架布局不合理，用户在查找书籍时可能会感到不便。此外，图书馆内部的温度、湿度和采光等因素也会对用户的阅读体验产生影响。例如，过高的温度、过于潮湿的环境可能会使用户感到不适，而良好的采光则能让用户在阅读时感到更加舒适。

为了提升用户的场景体验，图书馆需要对其内部环境进行不断的优化和改进。例如，可以定期检查和更新桌椅、书架等硬件设施，确保其完好和舒适；同时，也要注意控制图书馆内部的温度、湿度等环境因素，以创造一个更加宜人的阅读环境。此外，图书馆还可以通过举办各种活动和讲座等方式，增进用户对图书馆的了解和好感，进一步提高他们的场景体验。

（二）交互体验

交互体验是用户在智慧图书馆使用过程中获得的各种反馈，是用户在操作过程中的体验。随着现代信息技术在智慧图书馆中的广泛应用，用户的交互体验有了明显提升。例如，用户可以在智慧图书馆的电子屏幕上清楚地看到剩余座位信息，这使得寻找位置的时间大大减少，为用户带来了更加便捷的体验。此外，RFID 射频识别技术应用于图书借阅和归还系统，改变了传统的人工借阅模式，使得用户借书的时间大大节省，提高了用户的体验。

交互体验在图书馆用户体验中的地位日益重要，人们关注的不仅是场景体验，更注重交互体验。良好的交互模式能够为用户带来更大的便利，提升用户体验。例如，一些智慧图书馆提供了自助查询系统，用户可以通过自助查询系统快速找到所需的图书位置和相关信息，这比传统的人工查询模式更加高效和便捷。此外，一些智慧图书馆还提供了自助借还书系统，用户可以通过自助借还书系统快速完成借书和还书操作，这比传统的人工借还书模式更加方便和高效。这些良好的交互模式能够提高用户的满意度和忠诚度，为智慧图书馆的发展带来更多的机会和潜力。

（三）情感体验

情感体验是指用户在使用智慧图书馆时所感受到的心理感受，这种感受主要受到场景体验和交互体验的影响。良好的情感体验能够带给用户愉悦感，使他们在使用图书馆的过程中感到舒适和满足。然而，情感体验因素具有较高的不确定性，因为不同用户对此有着不同的偏好。有些人更喜欢传统的人工服务模式，认为这种服务方式更加亲切、个性化；而另一部分人则更青睐自动化和信息化服务，因为这些服务更加便捷、高效。

情感体验是决定用户对图书馆喜好程度的关键因素。良好的情感体验将提升用户对图书馆的好感度，使他们更愿意使用图书馆的各项服务。因此，在智慧图书馆服务设计时，需要考虑影响用户情感体验的各种因素，包括图书馆的布局、氛围、智能化程度、交互方式等。只有充分考虑这些因素，才能够提供更加优质、个性化的服务，让用户在图书馆中获得更好的体验。

第二节　智慧图书馆服务设计优化措施

一、建立读者用户画像

在大数据技术日新月异的环境中，读者用户画像这一工具应运而生。它依靠大数据技术深入挖掘与分析用户数据，精准地描绘出用户的阅读习惯、消费行为等关键信息，并将其特征化和标签化。通过这种方式，我们可以将读者行为转化为数据化信息，以便更精准地理解他们的需求。

读者用户画像不仅可以展示读者的阅读需求，还可以使智慧图书馆更深入地了解读者的阅读偏好、习惯和规律。通过分析读者用户画像，智慧图书馆可以提供更精细化的信息服务模式，满足读者用户多元化的个性化需求。同时，通过提供人性化和个性化的阅读服务和推送，能够有效提升智慧图书馆的服务水平和用户体验。因此，建立读者用户画像是一种科学设计智慧图书馆服务的方式，对于提升用户体验和满足读者需求具有至关重要的作用。智慧图书馆应该高度重视并积极应用读者用户画像这一工具，以更好地服务于广大读者。

二、优化智慧图书馆馆内场景空间

智慧图书馆的馆内场景空间设计是影响读者用户体验的关键因素。在建设过程中，需要从用户的角度出发，将馆内场景空间变得更加人性化，以满足读者用户对智慧图书馆的期望。为了实现这一目标，图书馆需要提高硬件设施的服务水平，并建立人工服务与信息服务两种模式相结合的方式，以满足不同读者用户的不同需求。

在智慧图书馆的馆内场景空间布置中，需要进行合理的功能分区，并为读者用户提供全方位的查询服务。通过这种方式，读者用户可以快速准确地了解图书馆内部空间中的多种信息，从而有效优化他们的场景体验。此外，建立更多人性化的交互模式可以进一步促进用户情感体验的提升。

通过这些措施，智慧图书馆可以更好地满足读者的需求，提高他们的满意度。同时，这样的设计也有助于提高图书馆的利用效率，为读者提供更加便捷、高效的服务。因此，智慧图书馆的馆内场景空间设计是一项重要的任务，需要得到充分的重视和关注。

三、完善线上与线下协同发展模式

当前智慧图书馆的主要发展方向是向数字化转型，因此数字图书馆建设成为了图书馆发展的核心方向。相比传统的图书馆，数字图书馆具有更多的优势，其中最为突出的就是其实体阅读空间和纸质阅读方式。为了更好地满足读者的需求，数字图书馆需要不断完善线上与线下系统发展的模式。

线下作为图书馆主要提供服务的空间，需要不断完善基础设施建设，包括图书馆的建筑、环境、设备等，以提高读者的阅读体验。同时，丰富馆藏资源也是必不可少的，图书馆需要不断更新和扩充自己的书籍资源，确保能够满足大部分读者用户能够在图书馆内阅读到需要的书籍。通过优化读者用户的线下体验，能够吸引更多的读者来到图书馆，提高图书馆的使用率和影响力。

线上模式作为智慧图书馆服务设计中的重要内容，需要智慧图书馆广泛的建立线上渠道。例如开设图书馆官方微信账号，通过微信平台向读者提供便捷的借阅、查询等服务，同时根据读者用户画像为用户推送更多个性化的内容。此外，还可以推送其他图书馆互动相关信息，例如与其他图书馆进行资源共享和交流，开展阅读推广活动等，从而增加读者对图书馆的认知度和关注度。通过线上模式的完善，能够实现线上、线下服务协同开展，提高智慧图书馆的服务质量和效率。

从用户体验的角度出发，智慧图书馆需要满足用户多种阅读和服务需求。除了提供传统的纸质书籍借阅服务外，还可以提供电子书籍、音频书籍等多元化的阅读服务。同时，为了满足用户的个性化需求，智慧图书馆可以通过数据分析和挖掘，了解用户的阅读喜好和需求，为用户推荐合适的书籍。此外，智慧图书馆还可以提供其他服务，例如文献检索、科技查新、论文检测等，以满足用户在学术和研究方面的需求。通过满足用户的多种阅读和服务需求，智慧图书馆能够吸引更多的读者用户使用其服务，进而促进图书馆更好的建设与发展。

第九章　公共图书馆用户体验服务模式研究

公共图书馆的服务模式在科技和时代变化的影响下正在发生改变。传统的公共图书馆着重于提供借阅服务、文献传递服务、参考咨询服务、远程教育服务和网络检索服务等，以书籍为主。而现代公共图书馆更加注重以人为本，提供用户体验服务、科学知识支持服务、数字参考咨询服务、志愿者服务、虚拟知识平台服务以及数字化服务等。笔者认为用户体验服务是公共图书馆的独特特点，通过不断创新用户体验服务模式，可以丰富图书馆的服务内容和方式。

第一节　公共图书馆开展用户体验服务的必要性

传统图书馆通常提供单一的服务模式，但用户更偏好于感受到更丰富的体验。举例而言，在如今考研培训机构竞争激烈的社会中，选择最适合自己的培训机构并非易事。辨别哪家机构的教师授课更出色，光凭他人口碑未必可靠。因此，更多人倾向于先参加试听课程，亲身体验后再做决定。因此，提供更丰富的用户体验服务对于公共图书馆变得十分必要。

一、体现"以读者为本"的服务宗旨

传统的图书馆以书为重心，而现代的公共图书馆则更加注重以人为本。这种转变不仅仅体现在馆藏资源的更新和升级上，更体现在服务方式的变化上。以前，公共图书馆的服务方式大多是以馆藏资源为中心的被动服务，而

现在，它们已经转变为以读者为中心的主动服务。公共图书馆开始认识到人的社会性，关注个体之间的差异，深入研究和探索人的需求。这种转变不仅体现在馆藏资源的组织和利用上，也体现在图书馆员的工作方式和态度上。公共图书馆鼓励更多的人参与到图书馆的管理和业务工作中，体验图书馆员的工作环境和工作内容，通过自我体验对图书馆提出改进的意见。

二、优化公共图书馆为用户提供的人性化服务

传统公共图书馆拥有巨大的图书管理系统和庞大的藏书量，但读者常常感到困惑，不知从何处下手。尽管这些图书馆一直在改进服务模式，但书架标识简单，书籍排列方式单一，加之工作人员专注于整理书籍，很少能主动了解读者需求，导致读者在图书馆内难以满足需求。现代公共图书馆采用了更人性化的服务方式，比如零距离服务台、自助触摸屏以及线上线下同时为读者提供服务等，以提升用户体验。这些举措在有限的图书馆空间内不断增加读者的使用体验。

三、有利于完善平等享受图书馆服务的权利

在图书馆这一知识的海洋中，每一位读者都应享有平等获取和利用各项服务的权利。无论是正在求学的青年，还是身有残疾的残障人士，抑或是身处困境的流浪者，都有权利在这里寻找到自己需要的书籍，并享受图书馆提供的安静、舒适的阅读环境。这不仅体现了图书馆的公共性和包容性，也展示了一个城市的文明和开放。许多公共图书馆更是走在了进步的前列，他们不仅为少儿读者提供了专门的阅读空间和资源，为残障人士提供了专门的服务和设施，使得每个人都能在图书馆中寻找到属于自己的那份知识和乐趣。这些公共图书馆的举措，无疑是对平等、公正、开放的最好诠释。

第二节　公共图书馆用户体验服务

一、自助式服务

现代化图书馆的重要特征之一是自助服务，也是图书馆发展的必然趋势。自助服务指的是读者利用智能化设备和计算机网络技术，按照预设的流程指引，完成图书馆员曾负责的各项服务活动。公共图书馆的自助服务主要包括文献自助服务、自习室座位自助登记、自助检索上机、自助文印服务，以及利用网络、手机、短信、电话进行的各种自助服务。

针对个人需求的不同，公共图书馆开展了自助式服务，让读者在指定区域内自行完成一些原本由图书馆工作人员负责的服务项目。

（一）服务理念

现代科技与人文理念相融合的自助图书馆，充分展现了免费、快捷、平等、开放的服务原则。这种创新模式将传统的"被动服务"模式转变为"主动服务"模式，使图书馆资源围绕读者展开，以"读者为中心"的服务理念得以充分体现。自助图书馆的宗旨在于最大化利用图书馆资源，满足读者随时随地的阅读需求，对传统运行模式进行改革，重新塑造了图书馆的社会价值、服务质量和理念。同时，通过使用自助图书馆，读者可以摆脱过去主要依赖图书馆员指导和意见完成信息咨询、图书借阅等服务模式，完全按照个人爱好和意愿选择和利用图书，这是人性化服务的体现。

（二）服务模式

1.馆内读者自助服务区

图书馆常设有专用空间或附属建筑，专门供应自助设备以便读者进行图书检索、借阅和归还等服务。这种设置使得图书馆能够提供全天候服务。尽管这些独立的自助设备区域可以实现 24 小时服务，但它们需要依附于图书馆或其附属建筑，缺乏独立性。

2.ATM 式自助图书服务

这种自助设备可以根据图书馆的具体服务进行定制。通过具备自动上架借出功能，有效减少了人力和物力成本。其主要优势在于低成本和网点化布局。然而，这些设备也存在一些局限性，例如可供选择的图书资源有限，服务内容相对单一，主要仅限于借还功能。

3.漂流亭式自助图书服务

漂流亭式图书馆是传统图书漂流概念的延伸，指的是放置在图书馆公共位置的图书，读者无需办理借阅手续即可自由阅读。这种自助服务结合了 RFID 技术和图书漂流的概念，能够识别多种证件，有效提高图书利用率。然而，这种服务的内容相对较为单一。

4.24 小时街区自助图书馆服务

这种类型的自助图书馆不仅提供了读者所需的基本服务，比如图书借阅、归还、办证、检索、预约等，还整合了 RFID 和条形码技术，使得在架图书对读者更加清晰可见。24 小时街区自助图书馆不仅能够提供更多全面的服务功能，也能够实现网点化建设，但其依赖的 RFID 设备受到技术和物资方面的限制。

这些自助图书馆系统通常由自助图书馆服务机、图书馆监控中心和物流管理系统等部分组成，其中自助图书馆服务机是核心组件。这些自助图书馆能够完成大部分图书馆的业务流程，包括新证办理、自助借还书、预约服务、查询服务、资源防盗、资金处理等功能。

由于自助图书馆本身具有强大的功能优势，并且服务过程快捷方便，在问世初期就受到了全球读者的欢迎和好评。一些专家甚至将自助图书馆视为继实体图书馆、虚拟图书馆之后的"第三代图书馆"。

（三）自助图书馆系统

1.基本服务设备

实现传统图书馆的借阅、归还、预约等服务，需依靠数据管理和存储技术实现与总馆的数据共享。同时，坐标定位技术可用于图书提取和自动上架，解决机械手臂无法精确定位的问题。

2.图书管理系统

该系统可监控馆内图书资源，避免满架或空架现象。同时，它可分析图书供需情况和读者需求变化，以便总馆进行资源调配。在故障发生时，系统可自动报警。

3.馆内监控设备：馆内监控设备具有防盗、视频监控、门禁控制等功能，可确保自助图书馆的正常运行和安全性。在异常情况下，系统可自动报警并记录事件全过程。

4.RFID 标签识别技术

自助图书馆内的每本图书都贴有 RFID 标签，这使得图书不仅限于某个自助图书馆，而可以在总馆和其他自助馆内自由流动。此外，RFID 标签易于被机器设备识别，方便借阅、归还等工作。同时，它还可以实现图书在书架上的定位、馆藏和存量信息显示等功能。

5.图书损坏识别技术

通过计算机控制，可根据损坏程度决定是否报警。在识别过程中，终端服务器上会以文字或语音方式显示图书损坏检测的评价和结果。

（四）图书馆自助服务的特点

1.服务性

自助图书馆的发展旨在让读者自主服务，摒弃传统的馆员服务方式。读者根据个人时间和兴趣自主借阅和归还图书等一系列活动。这种自助服务的质量并不逊色于传统服务。在自助服务中，读者摆脱了传统图书馆服务的限制，可以根据个人需求自主操作设备，充分展现了自助图书馆的服务性特点。读者在操作过程中不仅是服务的执行者，也是服务的受益者，体现了主体和客体的互动统一。

2.科学性

目前自助图书馆广泛采用 RFID（无线射频识别）技术，这种技术属于非接触式自动识别技术。它通过发送射频信号并在空间内传输信息，实现对物体的识别和自动辨识。自助图书馆依赖 RFID 技术为读者提供智能化的图书借阅和归还服务，使图书馆服务实现自动化。这项技术为自助图书馆带来了全新的服务模式，显著提高了广大读者的满意度和使用便捷性。科技的运用突显了人性化服务理念，这一理念不断推动着图书馆服务手段的创新。

3.自由性

传统图书馆因为开放时间有限，无法满足读者全天候的阅读需求。为解决这一问题，自助图书馆应运而生。这种服务模式通过人机结合，突破了时间限制，使读者能够更自由地选择借阅书籍的时间，满足即时需求。24 小时全自助服务模式已成为国内外图书馆发展的趋势。此外，自助图书馆还提供更广阔的阅读空间，扩大了传统图书馆的范围，为读者提供无障碍的阅读环境。

4.高效性

自助图书馆作为全新的服务项目，具有传统实体图书馆无法比拟的优势。它占地面积小，建设成本低，建设快，周期短。在服务方面，自助图书馆更贴近读者生活，操作便捷快速。它提供无人看管、自助办证、借阅、归还等便利条件。这些优势提高了图书馆文献资源利用率，展现了高效性。

5.广泛性

自助图书馆自推出以来，受到越来越多读者欢迎和使用。借书量和阅读量显著增加。由于其便利快捷的特性，更多读者选择在闲暇时借阅图书来充实自己。这种广泛应用远超传统图书馆的影响范围。它不仅为广大读者提供便捷阅读平台，还提升了图书馆品牌形象，对城市文化建设产生了积极影响。

二、用户体验馆员职位服务

越来越多的公共图书馆正在实施一项新的服务举措，即引入用户体验馆员的角色，以提高公众对于图书馆管理和业务活动的参与度。通过这项举措，人们将有机会亲身了解图书馆馆员的工作环境和任务。

为确保这一举措的顺利实施，图书馆会定期招募社会志愿者，短期志愿者可以参与整理书架、图书分类、借还书操作、数据录入和新书推荐等日常工作。长期志愿者则有机会深入了解图书馆内部的运作情况，他们可以研究来馆读者的行为习惯和兴趣，分析读者需求。同时，具备互联网或计算机技术知识的志愿者可以负责管理图书馆网站，为读者制作个性化的网页。

作为参与图书馆馆员岗位体验的一部分，这些志愿者实际上也是图书馆用户的一部分。他们的参与将激发更多用户的积极参与，共同促进图书馆的发展和提升服务质量。

三、图书馆空间服务

图书馆空间服务是图书馆综合调配自身的资源（包括电子、纸质、网络资源），结合技术、人力和场地条件，以用户为中心提供的全方位、个性化、人性化的智慧服务。其目的是促进读者的自主学习，启发读者的创新思维和灵感，是图书馆改革与发展的核心方向。

（一）图书馆空间服务的形式

空间服务建设通常包括各种功能区域，其中包括个人学习空间、协作学习空间、多媒体空间、新技术体验空间、创新空间、休闲学习空间和研究空间等。

1.个人学习空间

这个空间旨在满足个人独立学习的需求。各个学习区域都以落地玻璃分隔，提供开阔的视野。透过玻璃窗外可见绿草如茵、校园生机盎然，这种设计既满足了读者个人学习的要求，也为他们提供放松身心的环境，从而在放松的同时促进创造力的发挥。

2.协作学习空间

该空间主要旨在促进学生小组学习、研究和知识创造，通常设有多个大小不一的小组讨论室或研讨室。为了方便用户的灵活使用，配备了可移动和重组的家具和设备，例如带有轮子的桌椅、可移动和固定的白板、投影仪、电脑等。这些电脑通常安装了学习所需的多种软件。

在国外，各个学校根据设立的目标不同，协作学习空间的辅助项目也各有侧重。例如，一些学校设置了写作服务中心，提供论文写作、求职信、履历等方面的指导；有的提供计算机技术服务，教授软件工具的使用方法、电子表格技巧、演讲稿的制作与展示；有的设立同声传译室，训练外语学习者的双语能力；还有的还设置了戏剧表演室，培养学生语言表达能力和交际能力，提高人文素养。这些协助学习室通常也用于教师的课堂教学。

　　然而，国内高校的协作学习空间在开设辅助学习项目方面较少，主要是借鉴国外设立学习空间的形式，设立了数量不等、大小不同的研讨室。例如，北京大学图书馆仅设有一个 65 平方米的多媒体研讨室，可容纳 30 至 40 人，用于学术讲座、研讨、会议、影视或音乐欣赏、论文答辩或其他学术交流活动。而上海交通大学图书馆设有 29 间小组学习室，可容纳 8 至 20 人不等，用于学术研讨、教学培训、讨论交流、创新赛事和社团活动。

　　3.多媒体空间

　　该空间旨在激发读者对新媒体的兴趣，满足其对多媒体制作的需求，并提升其创造力。在国内，一些高校图书馆设立了多媒体空间，其中中国人民大学图书馆运作得较为出色。该空间配备了苹果图形工作站、缩微胶片阅读机、音视频编辑软件、55 寸高清电视电脑一体机（可触摸）、蓝光 DVD 等软硬件设备，供读者使用进行缩微胶片阅读、音视频资料编辑、制作与测试。自此空间开放以来，许多读者在指导老师和工作人员的帮助下，通过小组讨论和合作，制作了一些高水准的宣传片、纪录片等作品。

　　4.新技术体验空间

　　该空间引入了世界领先的新技术产品，通过用户的亲身体验，让他们感受到这些新技术的魅力，从而丰富知识，跟上时代潮流。在国内，一些高校也设立了类似的空间，例如北京大学图书馆设有苹果产品体验区和数字应用体验区。这些区域提供基于各种品牌和型号的电子书、平板电脑等最新数码设备的数字应用体验服务，同时还提供图书馆新服务，如移动图书馆、移动经典阅读、移动多媒体课程点播等服务。通过这些体验区，用户能够亲身感受并了解最新的科技产品和数字化服务，让他们更好地适应和利用现代科技。

　　5.创新空间

　　创新空间是一个专注于实验、创新、学习和思想交流的场所，为人们提供了场地、材料、工具、设备和技术，让他们进行实践探索和参与式学习。

高校图书馆建设创新空间旨在激发学生的灵感、培养创新思维，提高创新能力，这有助于促进学生的就业率，并成为将学术理论转化为实际项目的理想场所。

在国内，高校图书馆开设创新空间服务的案例相对较少，仅有少数学校开展了此类项目。一些较为成功的案例包括清华大学、北京大学、上海交通大学等。以清华大学的 x-lab 为例，该空间涵盖互联网和信息技术、医疗健康、环保能源、先进制造、文化创意、新媒体、游戏、教育等领域的创业项目。这些项目帮助学生学习创意、创新和创业相关的知识、技能和理念，培养他们的创造力。

6.休闲学习空间

这个空间旨在为学生提供一个轻松放松的环境，作为学习之余的调剂。一般包含咖啡厅、观影厅和展览厅等区域，家具通常颜色明亮、造型各异，书籍和报刊也摆放在这些区域，但各个学校的设置不同。

7.研究共享空间

研究共享空间专为学术研究人员设计，其学术氛围更为浓厚。它是学习共享空间服务的延伸，对图书馆技术人员、资源和设备的要求更高。只有实力雄厚的高校才能创建此类空间，否则可能无法发挥其作用。华盛顿大学图书馆对研究共享空间的定义是：一个环境，能够将学生和教师组织在一起，共享并讨论各自的研究成果，并在他们的研究过程中提供支持，包括文献搜集、写作、出版和科研基金申请等各个环节；这个空间也能够促进学生和教师合作开展课题研究，提供演讲机会、研讨室，并让用户了解同行研究的最新进展。

（二）图书馆共享空间的形式

1.信息共享空间

信息共享空间（Information Commons，简称 IC）是 20 世纪 90 年代在美国兴起的一种创新服务模式，其背景是共享式学习和开放获取运动。其目标是培养读者的信息素养，促进学习交流、协作和研究。

IC 是一个特别设计的学习、交流、创作和研究环境，依托最先进的计算机、网络和通信设备，利用丰富的知识库、电子资源和教育资源，将校园内的学生、教师、技术专家、图书馆员、写作指导教师等联系在一起，为读者提供涵盖各方面的信息服务。

2.第三空间

奥登伯格从社会学的角度提出了社会空间分为三个层次，第一空间是家庭环境，第二空间是职场环境，而第三空间则是除了前两者之外的其他所有空间，比如酒吧、美术馆、图书馆、书店、咖啡馆、公园等。这个"第三空间"是人们停留、消遣、交流、思考并能够自由释放自我的场所，也是人与信息、人与人之间交流的知识共享空间。图书馆的"第三空间"有助于实现从"书本位"到"人本位"的转变。所谓的"书本位"强调的是静态信息，而"人本位"更加强调动态知识的交流。图书馆为用户提供了一个平等、温馨、自由、互动的学习与交流环境，最大限度地发挥了图书馆作为社会公益性机构的作用。在2009年的意大利都灵市举行的国际图书馆协会联合会上，"作为第三空间的图书馆"这个主题备受关注，表明了图书馆在社会空间中所扮演的重要角色。

3.创客空间

创客运动源于美国硅谷的"车库创业精神"，这些创业者将他们的创意从头脑变成实际的产品，并逐渐让更多原创者愿意通过网络公开和分享他们的创意和源代码。自1981年德国柏林诞生全球第一家创客空间以来，"创客空间"的概念在世界范围内迅速传播并引发广泛关注。创客空间被认为是开放的社区实验室，融合了机器工厂、工作坊和工作室的特点，为人们提供了分享资源和知识、制造物品的场所。截止2021年，我国众创空间数量达9026个，总面积达37.36百万平方米，其中，国家级2071个，占全国众创空间总数的22.94%，非国家级6955个，占全国众创空间总数的77.06%。图书馆提供创客空间是一种新型的服务类型，有效地利用了图书馆的空间资源，并激发了人们的创新潜能。这些空间为社区成员提供了一个创意碰撞和资源分享的环境，进而促进了创新和合作。

4.泛在空间

泛在图书馆是数字图书馆发展中的新概念，重点是以用户为中心，重新构想图书馆服务方式。它主要体现在服务的范围、对象、内容、功能、空间、手段和机制的泛在化。泛在空间是由网络设施、硬件、软件、信息资源和人组成的新型知识基础设施。它提供一个无处不在、自然、易用的学习环境，允许任何人在任何地点、任何时间，利用便携设备获取所需的信息资源。

（三）信息共享空间建构策略

1.图书馆信息共享空间的组织结构

信息共享空间通常由总服务台、电子阅览室、个人学习空间、小组学习空间和休闲娱乐空间组成。总服务台提供基本信息服务，包括服务内容、项目、图书馆制度和信息服务流程等；电子阅览室作为读者获取信息的基本平台，配备了多媒体计算机、打印机以及其他多媒体设备；个人学习空间专为读者提供独立的学习和研究场所，配备有常用工具书和互联网接口；小组学习空间则用于专业学习和科研活动，一般包括研修室或网络小组；休闲娱乐空间提供人性化的阅读环境，读者可在此休息或享受多媒体娱乐。

2.信息共享空间的服务内容

（1）信息检索服务以及数据检索处理。图书馆员提供信息检索、数据处理和技术指导，支持读者获取所需的媒体资源。他们也参与学习者的研究活动，根据需求提供服务。

（2）读者培训。信息共享空间提供读者培训，包括信息检索和网络数据资源的使用课程，旨在提高读者的信息素养。

（3）参考咨询服务。图书馆员提供参考咨询服务，指导读者如何使用图书、期刊、报纸等资源，协助论文写作和科研工作。

3.图书馆信息共享空间的构建策略

（1）建立综合服务理念。信息共享空间提供的服务与传统图书馆服务的区别在于，它需要提供的是一种综合性和一体化的信息服务。因此，图书馆工作人员必须具备信息化的服务理念，以读者为中心，从读者的角度出发，提供人性化的信息服务。

（2）树立可持续发展的理念。在信息共享空间的设计中，应充分考虑图书馆的规模、资金等因素，同时要为图书馆未来的发展留下足够的空间。在设计过程中，应因地制宜，从实际情况出发，不能盲目追求规模而忽视质量。

（3）整合服务资源。信息共享空间能够为读者提供一站式信息服务的关键在于，它利用信息化技术将传统图书馆所能提供的服务整合到一个信息化平台上，并利用信息化技术提升原有服务质量。因此，整合服务资源是实现信息共享空间的关键。

（4）加强人才培养。信息共享空间的构建离不开高素质的信息人才。在构建过程中，应注意人力资源的配置，加强优质人才的引入，加强工作人员的学习和培训。同时，争取多方面的合作也是提升服务质量的关键。具体而言，图书馆可以采用馆际合作模式，将成功经验引入自身信息共享空间的建设中，尤其是优质的数字化馆藏资源，可以作为完善自身信息服务的基础。

（5）加强信息服务的质量管理。信息共享空间的良性发展离不开严格的质量评价体系。质量评价应以读者需求为中心，从读者反馈的信息中可以发现当前服务存在的问题，从而有效改进工作，提升服务质量。

第三节　公共图书馆用户体验的优化措施

一、AR 和 VR 设备的引入

公共图书馆引入了 AR 和 VR 技术，作为改善用户体验服务的创新举措，并将其应用到物流、医疗和教育等领域。这些技术的运用使得图书馆能够提供更专业、更个性化的服务。

首先，公共图书馆利用 AR 和 VR 技术结合自身模型，创建了虚拟图书馆的外观和内部布局。例如，温州市图书馆推出了虚拟漫游系统，让无法亲自前往图书馆的用户能够通过系统进行虚拟参观，并浏览各个馆舍。此外，软件可以根据用户的位置和需求，提供到达所需资源位置的最佳路径，同时在移动设备上展示需要借阅图书的位置信息。

其次，公共图书馆利用 AR 和 VR 技术，叠加文献与数据库中的图像、音频、视频等资源，以增强读者的阅读体验。这些技术也能展示馆藏特色资源，有助于保护馆藏文献资源。

二、O2O 模式的应用

公共图书馆引入了 O2O（Online To Offline）模式，即线上到线下的消费模式，以丰富用户体验和提高满意度。用户可以通过社交网络平台如微信、微博、QQ 等与图书馆进行交流，实现双向沟通。这种交流让图书馆更快地了解用户需求，并根据在线反馈调整线下资源和服务，充分发挥信息资源的价值。

一些图书馆推行的"网上借阅、社区投递"服务是 O2O 模式的典范实践。通过在线预订和线下投递纸质阅读材料到未设分馆的地区，为读者带来便利。这种服务模式不仅使读者受益，也提高了图书馆的资源利用效率和服务水平。

三、完善针对特殊读者的服务

公共图书馆正日益重视特殊读者的需求，因为他们的数量也在逐渐增多。为了满足老年人的阅读需求，公共图书馆会在光线充足的地方设立专门的阅读区，并提供大字本文献以及老花镜等设备。这些设备能够帮助他们更舒适地进行阅读。同时，公共图书馆还考虑到老年人的出行不便，因此提供上门送书和取书的服务。

针对残障人的阅读需求，公共图书馆会聘请专业的咨询师为他们提供专门的服务。这些咨询师具有相关的专业背景，可以提供个性化的咨询服务。此外，公共图书馆还设立了盲人图书馆并提供各种盲文书籍。这些书籍可以帮助盲人读者更好地进行阅读。同时，公共图书馆还配置了带有语音功能的专用电脑，这些电脑可以在工作人员的指导下使用，这些设备为盲人读者提供了更好的阅读体验。

此外，公共图书馆还引入了有声阅读服务供盲人读者使用。这项服务提供了更多的阅读方式选择，使得盲人读者也能够享受阅读的乐趣。同时，公共图书馆在各种用户设备上也安装了语音提示功能。这些设备包括盲用扫描仪、助视仪和阳光读屏软件等现代化助读设备。这些设备为视障、听障和语言障碍的读者提供了更好的阅读体验。这些设备的配置体现了公共图书馆对特殊读者群体的关注和照顾。

周村区图书馆为了更好地服务广大视障观众和听障观众，会定时放映无障碍电影。无障碍电影是专为视障观众和听障观众制作的电影，是在已发行的普通电影没有对白的画面上，添加视觉语言旁白（针对视障读者）和在有对白的画面侧角添加手语（针对听障读者）后特别制作的影片。语音旁白同步解说影片画面中的场景布局、人物动作、表情细节、环境气氛等丰富的信息，手语（字幕）同步解说人物对白及环境音，让视力残障者以听觉、听障读者以手语来了解整部电影的内容，享受电影艺术的乐趣。

第十章　数字图书馆用户体验与感知优化研究

第一节　数字图书馆用户体验的基本特征

数字时代的用户体验是指用户对图书馆服务的评价，是基于用户个人主观感受的反馈。用户体验的衡量标准可以涵盖数字图书馆的信息传播速度、资源的全面性，也包括网络环境和网页界面等整体印象。用户体验能够反映用户对数字图书馆的满意度和忠诚度，具有交互性、个性化、动态性和情感化等特征。

一、交互性

体验是客体对主体使用情况产生的情感与反馈，它反映了主体服务的质量。从客体的角度来说，体验强调了主体服务的质量和效果，是对服务主体进行评价的重要标准。对于数字图书馆来说，用户是体验服务的客体，而数字图书馆则是提供服务的主体。因此，用户体验是评价数字图书馆服务质量的重要标准之一。

用户体验能够形成的前提是用户的参与和互动。只有在用户与数字图书馆进行交互的过程中，用户才能对数字图书馆的服务质量产生真实的感受和反馈。因此，交互性是数字图书馆用户体验的基本特征之一。通过交互性，数字图书馆可以更好地了解用户的需求和反馈，从而不断改进自己的服务质量，提高用户体验水平。

二、个性化

鉴于用户在教育背景、阅读偏好、兴趣爱好、生活环境、资源需求、学科领域等方面存在显著差异，因此他们对数字图书馆的服务需求也各不相同。此外，不同用户对数字图书馆同一项服务的体验也存在差异。同时，用户的评价还会因自身感受的不同而呈现出个性化的特征。总之，数字图书馆的用户体验具有鲜明的个性化特征。

三、动态性

不同个体对数字图书馆的体验存在差异，而即使是同一用户在不同情况下对数字图书馆相同服务的体验也可能存在不一致的情况。换句话说，用户的体验不是固定的，而是处于动态环境中。当用户关于阅读和知识获取的某一变量发生变化时，用户对数字图书馆的体验也会随之改变。

四、情感化

用户体验的主观性非常强烈，用户在享受数字图书馆的信息服务时，更倾向于接受那些能够引发自身情感共鸣的服务内容。情感化设计是数字图书馆用户体验的重要特征，它能够让用户感受到图书馆的温暖和人情味，增加用户对图书馆的信任感和忠诚度。

第二节　用户对数字图书馆信息服务的三大需求

根据表 10-1，用户对数字图书馆信息服务的需求可以被细分为感官体验需求、交互体验需求和情感体验需求三类。感官体验需求侧重于用户对数字图书馆信息服务的直观本能感受，包括视觉、听觉等方面的体验；交互体验需求关注用户在具体操作过程中产生的感受，如操作的便捷性、响应速度等；情感体验则更加关注用户的内心世界和情绪感受，包括对数字图书馆信息服务的满意度、个性化需求等方面。

表 10-1　数字图书馆用户体验的三大需求

感官体验	交互体验	情感体验
移动数字图书馆呈现给用户在视觉效果上"能用"的本能体验	移动数字图书馆呈现给用户在行动层面上"好用"的行为体验	移动数字图书馆呈现给用户在情绪状态上"想用"的心理体验

一、感官体验需求

感官体验需求是指用户在接受数字图书馆服务时，对于外在形式上的关注，例如检索界面的清晰度、易用性，主页服务版块的直观性，资源下载图标的明显性，以及信息资源的丰富度和有效性等。这些因素共同构成了用户对数字图书馆服务的感官体验。

感官体验侧重于数字图书馆服务为用户带来的视觉和操作层面的感官刺激，这种刺激会与用户的心理预期产生互动。当数字图书馆的信息服务能够给用户带来"可用"的感受时，将有助于提升用户的体验。虽然感官体验需求是最直观且浅层次的，但它对用户对数字图书馆服务的初步印象具有决定性影响。

在数字图书馆服务中，感官体验需求的重要性不言而喻。对于用户而言，他们首先关注的是数字图书馆的易用性和直观性。如果一个数字图书馆的界面复杂、难以操作，或者资源下载不够明显，那么用户的体验就会大打折扣。相反，如果数字图书馆能够提供清晰、直观的服务版块和易于操作的界面，以及资源下载的明显标识，那么用户就会对数字图书馆产生良好的初步印象，从而提升他们的体验。

此外，感官体验需求还涉及信息资源的丰富度和有效性。如果数字图书馆能够提供丰富、有效的信息资源，那么用户就会对数字图书馆产生更高的信任感和满意度。相反，如果数字图书馆的信息资源不够丰富或者不够有效，那么用户的体验就会受到影响。

二、交互体验需求

用户对数字图书馆的好感度会影响他们参与图书馆信息服务的积极程度。当用户对数字图书馆产生好感后，他们更愿意积极地参与图书馆的信息服务，并希望获得更多的交互体验。这种交互体验的需求通常涵盖以下三个方面：

首先，用户参与的程度是他们与数字图书馆互动的深度和广度。这意味着用户不仅需要能够方便地访问数字图书馆的资源和服务，还需要能够在使用过程中获得良好的反馈和响应。例如，用户可能需要通过在线聊天或电子邮件等方式与图书馆员进行交流，获取关于图书馆资源和服务的信息，或者寻求帮助解决问题。

其次，用户对知识服务流程的满意度是他们对数字图书馆提供的知识服务的质量和效率的感受。这包括数字图书馆提供资源的准确性、完整性和时效性，以及图书馆员在知识服务过程中的专业性和态度。如果用户对知识服务流程感到满意，他们会认为数字图书馆是一个可靠的信息来源，并且更愿意继续使用它的服务。

最后，用户在体验数字图书馆时产生的归属感是他们对数字图书馆的认同感和依恋感。这通常源于数字图书馆提供的个性化服务和社区建设。如果数字图书馆能够根据用户的兴趣和需求提供个性化的推荐和服务，同时积极建设社区，让用户感到自己属于一个有共同兴趣爱好的群体，那么用户会对数字图书馆产生更强烈的归属感。

当用户的感官体验需求得到满足时，他们会感觉到这个服务"可用"，这意味着数字图书馆的界面设计、功能操作和用户体验等方面都能够满足他们的需求。而当交互体验需求得到满足时，他们会感到这个服务"易用"，这意味着数字图书馆的信息服务不仅可用，而且简单易懂、易于使用。这将进一步增强用户对数字图书馆信息服务的信任感，让他们更加愿意使用这个平台来获取所需的信息和知识。

三、情感体验需求

情感体验是指用户在使用数字图书馆时所感受到的内在情感状态和情绪变化，是用户体验中更高层次的需求。在用户与数字图书馆进行互动的过程中，情感体验体现在用户是否感到轻松、愉悦、舒适，是否能够感受到图书馆的温暖和关怀，以及是否能够产生情感上的共鸣。

数字图书馆的信息服务是否能引起用户的共鸣，是否能够体现用户个人的价值，是衡量情感体验需求是否得到满足的重要指标。如果数字图书馆能够满足用户的情感体验需求，用户可能会对该图书馆产生强烈的愿意使用的感觉，并有强烈的认同感。

情感体验需求的满足可以增强用户对数字图书馆的信任感和忠诚度，提高用户对信息服务的接受度和满意度，从而促进数字图书馆的发展和壮大。因此，数字图书馆应该注重情感体验需求的满足，通过优化信息服务、提高服务质量等方式来提升用户的情感体验。

第三节　数字图书馆用户体验与感知优化模型设计思路

数字图书馆用户体验模型的构建以用户为中心。数字图书馆通过整合不同来源、语义和格式的信息文献，形成完整的知识体系，并从数据表现层、数据整合层和用户信息层三个层面提升用户的阅读体验（如图 10-1 所示）。

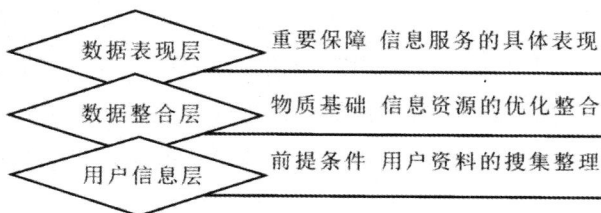

图 10-1　移动数字图书馆用户体验模型层次结构图

一、用户信息层

数字图书馆在用户信息层面需要精心收集和整理用户的个人数据，其中包括用户的基本资料如昵称、年龄、教育背景以及用户自行提供的交互信息，例如兴趣爱好、阅读偏好和行为特征等。这些信息对于数字图书馆了解用户需求至关重要。

通过详细的用户信息收集，数字图书馆能够逐步了解每位用户的个性化阅读需求。这些数据展示了用户的个人背景和学术专业，也揭示了他们的阅读兴趣和习惯。有了这些深入了解，数字图书馆就能够更准确地向用户推送所需资源，以满足用户多样化和个性化的需求。

总的来说，用户信息层对于构建数字图书馆的用户体验和感知优化模型至关重要。这不仅是模型建立的前提条件，也是数字图书馆为了提供优质服务体验必须打好的基础。只有通过仔细收集和理解用户信息，数字图书馆才能有效提升用户体验，从而提高用户对数字图书馆的满意度。

二、数据整合层

数据整合层是指数字图书馆利用先进的数据挖掘、计算和关联技术，对海量数据进行聚类与整合处理，将原本分布零散、难以被直接利用和发现的信息资源进行全面、系统的整合，形成规范性的数据库。这对合理配置数据资源、优化馆藏结构具有至关重要的意义，有助于提高数字图书馆的信息服务水平和用户体验。

数据整合的质量直接影响到数字图书馆的信息服务水平，是决定用户体验的核心要素。只有通过高质量的数据整合，数字图书馆才能更好地满足用户的需求，提供更加精准、个性化的信息服务。同时，数据整合也有助于提高数字图书馆的资源利用效率，实现资源的优化配置，为图书馆的发展提供有力的支持。

因此，数据整合层在数字图书馆的建设中具有举足轻重的地位。为了提高数据整合的质量，数字图书馆需要不断引进先进的技术、方法和工具，对数据进行深入挖掘和分析，确保数据的准确性和完整性。同时，还需要建立完善的数据管理制度和规范，加强对数据整合的监管和评估，确保数据整合的质量和效益。

三、数据表现层

数字图书馆利用数据分析技术，深入挖掘用户信息和馆藏资源数据，找到二者之间的关联和交集，从而构建一个高度整合的资源体系。在规范统一的检索系统支持下，用户可以享受到更加精准、高效的数字图书馆信息服务，满足多样化的阅读需求。

数字图书馆的信息服务以用户为中心，关注用户的需求和行为，通过深度分析用户信息和馆藏资源数据，挖掘出用户的兴趣爱好和阅读习惯，为用户提供个性化的阅读推荐服务。这种服务方式不仅可以提高数字图书馆的资源利用率，还能够有效提升用户的阅读体验和满意度。

规范统一的检索系统是数字图书馆信息服务的核心。它能够快速、准确地响应用户的检索请求，为用户提供高质量的检索结果。同时，该系统还可以根据用户的反馈和评价进行不断优化和改进，提高检索的准确性和效率。

数字图书馆的信息服务不仅能够满足用户的个性化需求，还可以提高资源推送的精准度。通过深度分析用户信息和馆藏资源数据，数字图书馆可以准确地把握用户的阅读需求和兴趣爱好，从而为用户提供更加精准、个性化的阅读推荐服务。这种服务方式不仅可以提高数字图书馆的资源利用率，还能够有效提升用户的阅读体验和满意度。

综上所述，数字图书馆通过利用数据分析技术，深入挖掘用户信息和馆藏资源数据，构建高度整合的资源体系，为用户提供更加精准、高效的数字图书馆信息服务。这种服务方式不仅可以满足用户的个性化需求，还能够有效提升数字图书馆的资源利用效率和用户体验。

第四节　数字图书馆用户体验与感知的优化策略

一、优化用户体验

对于用户来说，他们在深入了解数字图书馆的各种服务项目之前，最先接触的就是这个图书馆的资源界面。可以说，一个设计精美简洁、布局合理的网站界面对于优化用户的体验起着至关重要的作用，它能够为用户营造良好的第一印象，使得他们愿意进一步探索和使用这个数字图书馆。

为了吸引用户的注意力，数字图书馆需要利用其资源来引发用户的关注。例如，数字图书馆可以将一段时间内用户检索和点击量最多的资源作为参照，将这些热门资源放在首页的显著位置。这样的布局能够快速地吸引用户的注意力，使得他们更容易被引导去了解和利用这些资源。

除了将热门资源放在首页，数字图书馆还可以通过其他方式来优化用户体验。例如，图书馆可以提供个性化的推荐服务，根据用户的兴趣和历史行为为他们推荐合适的资源。此外，图书馆还可以通过提供易于使用的搜索功能和详细的资源描述来帮助用户更好地了解和找到他们需要的资源。

总之，一个精美简洁的资源界面和有效的资源布局是数字图书馆吸引用户的关键。通过合理利用资源并设计出色的网站界面，数字图书馆可以为用户提供更好的体验，吸引更多的用户使用其服务。

二、打造全方位的用户交互服务

数字图书馆应该充分发挥互联网和大数据技术，聚焦于用户需求，构建全面的交互服务，满足用户的体验需求。利用先进的互联网技术，数字图书馆能够提供即时通信服务，快速响应并解决用户的问题，确保高效、及时地解决用户需求。此外，采用"云服务"技术可以拉近图书馆与用户之间的距离，提升用户参与度和满意度。

三、提高推送的准确率

用户是数字图书馆信息服务的主要体验者和重要参与者。因此，为了增强用户对数字图书馆的吸引力并赢得用户的认可，数字图书馆需要提高数据推送的准确性，以更好地满足用户需求。简单来说，只有当数字图书馆的信息服务让用户感觉到贴心和个性化，才能建立用户的信任感。

总之，数字图书馆已经演变成为网络环境下全新的信息服务平台，其数据处理技术和检索技术取得了显著的进步。为了更好地迎合用户需求，数字图书馆需要不断创新服务项目和方式，减少用户学习使用数字图书馆的复杂程度，简化操作步骤，并持续提高用户的积极性和满意度。

周村区图书馆为满足读者的文化需求，进一步丰富线上读者活动和数字资源的供给，将周村区图书馆《时光映室》优秀纪录片展播活动转为线上线下联动，为广大读者精选了一批中外优秀纪录片，内容涵盖时事报道、历史、生活、人文地理等方面。不断满足用户各方面的需求。

第十一章 数字图书馆用户体验满意度提升策略

第一节 数字图书馆系统质量提升

一、数字图书馆的系统稳定性

系统稳定性是指在外部因素的作用下，系统要素能够维持一种可靠、正常和高效率的状态。在数字图书馆中，系统稳定性表示用户在使用数字图书馆时，系统是否保持可靠和正常工作状态。具体而言，这指的是数字图书馆系统在面对服务器环境、软硬件以及网络等外部因素（例如高温、停电、潮湿、灰尘、病毒、硬件故障等）影响时，是否避免出现中断、无法访问等问题，并在消除干扰因素后能够快速恢复到正常状态。系统稳定性评估是衡量数字图书馆系统质量的核心指标。用户经常遇到系统中断、无响应、页面错误需要重新输入网址等情况，会认为系统不稳定，影响其对数字图书馆体验的满意度，从而影响其继续使用数字图书馆的意愿。因此，确保数字图书馆系统稳定性对提高用户满意度和忠诚度至关重要。

在最近进行的一项研究中，我们调查了 100 个国内外高校和公共数字图书馆网站的系统稳定性情况。结果显示，大多数数字图书馆的系统稳定性非常好，用户能够享受到流畅的使用体验。然而，依然有少数数字图书馆存在一些问题，例如正在进行改版导致页面偶尔无法打开，或者某些页面的特色资源存在访问 IP 限制导致点击无反应等情况。这些问题可能会对用户体验造成不利影响，因此需要引起关注并及时解决。

在实际操作中，图书馆管理员和服务提供商可以采取多种措施来提高数字图书馆系统的稳定性。这些措施包括：使用不间断电源（UPS）来防止数字图书馆服务器在停电时导致的访问中断和无法访问问题；改善服务器所在环境的温度、湿度、灰尘等物理条件，减少这些因素对服务器造成的系统故障风险；定期升级数字图书馆系统的软件和硬件，确保用户能顺畅访问数字图书馆；采用专业的杀毒软件、防火墙等工具阻止计算机病毒的入侵；经常检查数字图书馆网站的链接，特别是外部网络信息资源的链接，避免出现点击无反应的情况等。综上所述，只有提升数字图书馆的系统稳定性，才能提高系统质量，为用户带来良好的系统体验。

此外，还应提升数字图书馆的系统响应速度。具体可采取以下措施：

（1）针对大容量资源可能存在的加载缓慢问题，应在资源下载界面向用户提示大致所需的下载时间并说明原因。

（2）对于可压缩的信息资源，系统应采取压缩手段将其容量缩小，然后提供给用户，以将信息资源的下载时间控制在用户可接受的范围内。

（3）对于可切分的信息资源，系统应将其切分为几个小文件后再提供给用户，以便用户在等待部分文件下载的同时，可以阅读已下载的部分文件，从而尽可能减少用户的等待焦虑。

二、数字图书馆的导航功能

在当今不断扩张且类型多样的信息资源时代，"海量信息"对数字图书馆系统质量的导航作用正变得更为重要。尽管数字图书馆经过专业的筛选、加工、整理、描述和组织，但在面对如此大量的信息资源时，若缺乏良好且有效的导航工具，用户使用数字图书馆时可能会感到困惑。用户访问数字图书馆以获取信息通常可以分为浏览和检索两种方式。一个良好的数字图书馆系统导航功能应包括精心设计的导航条，其中包含数字图书馆资源、服务、专题和通知等栏目，使用户能够自由浏览并找到所需的信息资源及相关服务。此外，每个页面的左上角或底部应提供按层级组织的导航，以便用户返回到相应页面，防止用户迷失在信息中。另外，数字图书馆系统还应提供检索功能，以提高用户获取信息资源的效率。

图书馆员和服务提供商应高度重视数字图书馆的导航功能，基于用户需求调查和用户体验数据收集，不断优化和改进数字图书馆系统的导航功能。

在维护导航功能方面，针对网络访问型的信息资源，数字图书馆馆员有责任定期检查外部链接的有效性。若外部信息资源的页面地址发生变化，必须及时更新和修改链接，确保用户能够无障碍地访问，避免导航失败的情况发生。此外，对于数字图书馆的导航设计，应注重运用信息导航领域的新知识、新理论和新方法，例如信息觅食理论、信息线索理论等，以最大程度地优化导航，从而最大限度地减少用户使用数字图书馆资源或服务时所需的时间和精力成本。

数字图书馆的导航目的在于确保用户在使用数字图书馆时能够井然有序，避免"信息迷航"或无法返回系统等问题。成功的数字图书馆导航可以让用户在导航工具的指引下快速、方便地找到所需信息，在数字图书馆的"信息海洋"中畅游。同时，数字图书馆还可以考虑设置"检索框"作为"浏览"型导航的补充，为用户提供快速的检索和导航服务。

第二节　数字图书馆信息质量提升

一、数字图书馆信息的新颖性

信息的新颖性是指信息从源头发送后，经过接收、加工、传递和利用的时间间隔和效率。用户通常认为信息越新颖、及时，其价值就越高。因此，缩短信息采集、存储、加工、传输和使用等环节的时间间隔是提高信息新颖性的关键。数字图书馆信息的新颖性可从多个方面来评估：图书检索结果列表中是否包含最近几年出版的图书信息，系统是否能检索到当月或最近几个月的期刊论文，网络信息资源是否及时更新并可顺利访问使用，全文数据库镜像网站是否及时升级等。其中，有些方面是图书馆馆员可控制的，有些则不是。

馆员可通过及时采购、编目和流通来确保数字图书馆系统中包含最近几年的图书信息。网络信息资源的更新可通过制定定期更新制度来保证，而镜像资源的更新则可通过与供应商签订定期更新的合同来确保。然而，系统是否能检索到当月发表的期刊论文等内容则不在馆员的控制范围内。因为数字图书馆是通过购买期刊全文数据库来为用户提供期刊论文访问和下载服务的，图书馆购买的是服务，全文数据库的更新由期刊出版商控制。

图书馆馆员需重视信息的时效性，定期检查并更新网站各个栏目的信息，确保信息的及时性，提升用户对信息质量的满意度。

二、数字图书馆信息的准确性

数字图书馆的信息准确性指的是网站所提供信息资源的正确性程度。作为专业信息服务机构，数字图书馆的信息资源经过馆员采集、加工、整理、描述和组织后发布。通常情况下，数字图书馆网站所呈现的信息资源应当是准确无误的，但偶尔也可能出现例外情况。例如，外部网络信息资源已更新，但数字图书馆网站上的信息因延迟未及时更新，给用户留下数字图书馆提供的信息不准确的印象，影响了用户对数字图书馆体验的满意度。为保证信息质量，数字图书馆应制定相关制度，安排专门馆员定期检查、更新和维护外部网络信息的准确性。

此外，外包逐渐成为图书馆业务管理的新形式。数字图书馆的许多业务，比如图书信息编目、专题数据库建设等，也可能采取外包方式。对于这些外包业务，图书馆馆员在验收环节应高度重视质量检查，严格按照国家或行业标准验收各种业务，以避免不合格的信息资源进入数字图书馆系统，影响用户对信息准确性的认知。同时，图书馆界也应关注"外包"现象，推动制定外包业务的行业甚至国家标准，提高外包业务质量，保障信息准确性，提升用户信息体验的满意度。

三、数字图书馆信息的全面性

数字图书馆的全面性指其收录各种类型信息资源的广泛性和系统性程度。这对于许多用户，特别是专业研究人员而言，是评估数字图书馆信息质量的重要标准。比如，若数字图书馆未全面收录某领域期刊或者缺少某几年的数据，将影响研究文献综述或研究热点问题的分析；对于文学领域教授专注于某历史人物的诗词作品研究，若数字图书馆未完整收录相关作品，甚至仅缺1～2部作品，都会严重影响其研究，尤其是数字人文研究。

因此，图书馆馆员和服务提供商需了解数字图书馆各种信息资源产品的特点。在资源采购和整合时，应力求数字资源相互补充，包括本地数字资源和网络数字资源的互补，以及数字资源和纸质资源的互补等。这样做可以最大程度地确保数字图书馆所提供的信息全面性，为用户提供优质的数字图书馆使用体验，进而提高用户对数字图书馆信息质量的满意度。

第三节　数字图书馆服务质量提升

一、数字图书馆服务的及时性与快速响应性

数字图书馆服务的及时性主要指图书馆在常规日常服务方面的表现，比如用户注册、密码修改、用户信息更新确认、借还书等。馆员应能按时完成这些服务。此外，对于用户提出的临时服务项目，如馆际互借、全文传递等，如果馆员能在合理的时间内提供并完成，也能算作保证数字图书馆服务的及时性。及时的数字图书馆服务让用户感受到馆员对用户需求的重视，能快速满足用户需求，提供良好体验，进而提高用户对数字图书馆服务质量的满意度。若数字图书馆在首页明显位置提供微信公众号、微博、移动图书馆 APP、Facebook、Instagram、Twitter 等链接，用户对数字图书馆服务的及时性体验通常会更好。

数字图书馆服务的快速响应性指当用户在使用数字图书馆系统或服务时遇到困难并需要帮助时，图书馆馆员能够迅速回应用户需求，及时协助用户处理问题。目前，数字图书馆与用户交流的工具主要分为两类：即时通信工具（比如微信、QQ、电话、人工智能机器人）和非即时通信工具（如电子邮件、在线表单、BBS 等）。在当前社交媒体工具（比如微信、QQ 等）日益便利的背景下，图书馆馆员应尽可能使用即时通信工具与用户沟通联系。这样能最快速了解用户遇到的问题，及时为用户提供指导，帮助解决问题，让他们顺利获取所需资源，从而提升用户对数字图书馆服务质量的满意度。随着微信、QQ 等社交媒体的广泛应用，数字图书馆网站在改版时应考虑整合这些即时交流的新媒体方式，以提升用户对数字图书馆服务体验的满意度。

二、数字图书馆服务的个性化

图书馆馆员和服务提供商应针对不同用户群体的差异化需求，提供个性

化的服务。例如，为老年群体设计以浏览信息为主的数字图书馆界面，考虑到他们可能较低的信息技术水平，因此界面的设计应该简洁明了，易于操作。同时，为了方便他们的阅读，应该将字体和字号调整得更加舒适和易读。此外，考虑到老年人的视力可能有所下降，应该使用较大的字体和对比度较高的颜色来突出显示关键信息。

对于本科生用户，由于他们主要以课程学习为主，因此设计按照学科分类来组织数字图书馆信息资源的界面是十分必要的。这样可以方便他们快速找到与自己学科相关的资料和信息。同时，考虑到本科生用户的检索技能水平可能较低，应该采用浏览为主的方式来设计适合他们使用的数字图书馆网站。这意味着在网站设计中要尽可能地减少检索步骤和操作难度，例如提供清晰的导航条和易于理解的图标和标签。此外，为了方便他们在学习过程中记录和整理笔记，可以考虑在网站中加入一些注释和标记功能。

三、数字图书馆服务的专业性

数字图书馆是专注提供专业信息资源和相关服务的机构，因此服务的专业性是其服务质量的核心和保障。数字图书馆服务的专业性主要体现在两个方面。一方面，馆员在服务中扮演专家角色。为达到这一目标，图书馆在招聘时需严格按照标准与程序选拔符合岗位要求的专业人员。同时，图书馆应提供进修培训机会，确保馆员的知识结构和业务水平不断更新，以满足用户需求。另一方面，数字图书馆系统提供的信息资源也应具备高度专业性。加强对网站信息资源质量的检查能确保服务的专业性，同时自建特色资源的建设也是衡量数字图书馆馆员专业程度的重要指标。当前国内外众多数字图书馆拥有专业团队，一定程度上保障了服务的专业性。

第四节　数字图书馆的感知易用性和感知有用性提升

一、提高数字图书馆的感知易用性

数字图书馆的用户体验满意度主要受到用户对感知易用性的评价影响。如果用户觉得数字图书馆容易学习和使用，并且能够熟练地操作它，那么他们对数字图书馆的感知易用性体验就会感到满意。同时，系统质量和服务质量对感知易用性具有很大的影响。

为了提高数字图书馆的易用性，图书馆工作人员和服务提供商应该采取相应的措施来加强对数字图书馆使用的培训和教育。这些措施包括：在图书馆内定期举办数字图书馆培训讲座，提供各种形式的数字图书馆使用培训资料，例如文字、图片、音频和视频等，以便新手用户自主学习使用数字图书馆系统。此外，他们还可以利用社交媒体工具如微信订阅号、微博等向用户推送数字图书馆使用的指南、资源更新信息和各种培训或讲座的动态信息。

二、提高数字图书馆的感知有用性

感知有用性是指用户对于使用数字图书馆以提升其工作、学习及生活效率的程度。经研究证实，感知易用性、系统质量、服务质量和数字图书馆的亲和力均对感知有用性产生显著影响，其中尤以系统质量和感知易用性为主要因素。这一结论与现有研究部分相符，即数字图书馆的系统质量对感知有用性产生显著影响。在实践过程中，我们应致力于提高系统质量和感知易用性，加强与用户的沟通与交流，收集数字图书馆的用户体验数据，以提升服务质量。

馆员可通过微信、QQ、"Ask Librarian"等实时在线工具为用户提供即时咨询和解答。此外，利用用户的定位、偏好和 Cookies 数据，馆员可提供个性化服务，这有可能增强用户的感知有用性。然而，在实施个性化服务前，必须得到用户的明确许可，以避免任何可能侵犯用户隐私的行为。

为提供专业且个性化的信息服务，图书馆馆员和服务提供商需确保所提供的数字图书馆具备高质量的信息资源和服务。一个优质的数字图书馆与一个服务质量欠佳的数字图书馆之间的差异在于其提供的信息资源和服务的质量。此外，馆员还可以通过分析数字图书馆资源使用的用户日志数据，来优化信息的组织方式，使用户感兴趣的信息资源更易于被发现。

第五节　数字图书馆的亲和力提升

一、加强数字图书馆服务项目的宣传推广

图书馆馆员和服务提供商应采取多种措施，加强数字图书馆资源与服务的宣传与推广。只有当用户充分了解数字图书馆的资源与服务时，才能有效利用这些资源和服务，进而感受到数字图书馆对他们的学习、生活和工作的重要性。为达到此目的，图书馆馆员和服务提供商应通过微信公众号、微博、移动图书馆 APP 等渠道，采用"新书通报""讲座信息推送""资源使用指南"等形式，积极宣传数字图书馆的资源与服务，以便用户了解它们的存在。

同时，我们也应认识到，数字图书馆的用户群体具有差异性。因此，图书馆馆员和服务提供商需要开展用户需求调研工作，了解每个用户群体的个性化信息需求，并针对不同用户群体推送相应的资源与服务。这项工作可以与提高数字图书馆的服务质量相结合，共同推进。

二、针对不同用户群体的需求特征开发新的服务项目

图书馆馆员和服务提供商应针对不同用户群体的个性化需求，开发新的服务项目。这可以使得用户感受到数字图书馆对他们的个性化需求非常重视，并且专门为他们开发了感兴趣和关注的服务项目。这些项目将成为他们学习、生活和工作中不可或缺的组成部分。针对高校数字图书馆本科生用户群体的

需求，可以开发一些诸如"课外学术作业信息检索辅导讲座""在线学习讨论空间""专业书籍购买推荐""主题经典作品阅读"等项目。这些项目不仅符合本科生以学习知识为主的培养目标与需求特征，还可以提高他们的学习效率。对于公共数字图书馆的老年人用户群体，可以开发一些如"老年人数字图书馆使用培训""老年人健康专题数字阅读月活动""老年人智能手机与数字信息检索使用培训"等项目。这些项目能够帮助老年人解决使用数字图书馆获取数字信息过程中遇到的困难，让他们觉得数字图书馆在他们的生活中很重要。总之，通过满足不同类型用户的个性化需求，可以间接改变用户对数字图书馆的看法，增强数字图书馆的亲和力（用户感知数字图书馆的重要性）。这种亲和力将使用户在使用数字图书馆的过程中累积对数字图书馆的特有感觉，并让他们感知到数字图书馆对他们的学习、生活和工作非常重要。

三、加强对数字图书馆用户隐私的保护

根据一项关于数字图书馆的调查研究数据，发现有近 40% 的用户对数字图书馆的隐私保护感到不满意或者持一般态度。用户的隐私信息主要包括账号、密码、个人身份、联系电话、借阅记录和访问痕迹等，一旦这些信息泄露，可能会对用户造成诸多不便。

数字图书馆作为信息资源的集中地，其网络环境的安全性、系统开发所采用技术的成熟度、管理团队的素质等因素都可能引发用户隐私数据的泄露。因此，数字图书馆的管理与维护人员应高度重视用户隐私保护问题，设置专门岗位来保护用户的个人隐私数据不被滥用甚至泄露。

只有当用户隐私得到充分保障时，数字图书馆才能真正赢得用户的信赖，提高其亲和力和用户体验满意度。因此，数字图书馆应加强对用户隐私的保护，以确保每位用户都能放心使用其资源与服务。

参考文献

[1]沈洋.图书馆科学管理与创新发展[M].北京：中国青年出版社，2019.

[2]袁萍.图书馆管理策略与阅读服务创新研究[M].沈阳:辽海出版社,2020.

[3]郭千钰，周园，佟燕华.数字图书馆创新理论研究[M].北京：九州出版社，2018.

[4]武三林，韩雅鸣等.基于技术融合的图书馆数字资源利用服务机制研究[M].北京：科学技术文献出版社，2017.

[5]黄如花，司莉，吴丹.图书馆学研究进展[M].武汉：武汉大学出版社，2017.

[6]湛爱容.网络环境下图书馆的用户研究与信息服务[M].芜湖：安徽师范大学出版社，2017.

[7]徐岚."互联网+"与图书馆[M].成都：电子科技大学出版社，2018.

[8]周建芳."互联网+"图书馆[M].成都：四川大学出版社，2018.

[9]刘伟成.数字信息资源检索[M].武汉：武汉大学出版社，2018.

[10]刘晓辉.现代图书馆图像数据资源建设概论[M].北京：中国戏剧出版社，2018.

[11]王粲.基于数字时代的图书馆阅读推广模式分析[J].文化产业，2022（02）：91-93.

[12]金泽龙.数字时代图书馆未来发展思考[J].中国中医药图书情报杂志，2020（03）：26-29.

[13]黑木草.浅谈数字时代图书馆阅读推广面临的问题及对策[J].卷宗，2020（01）：160.

[14]赵廷霞.公共图书馆的读者服务工作创新分析[J].中文信息，2023（03）：

73-75.

　　[15]常莉.智慧时代图书馆读者服务转型策略[J].科技资讯，2023（09）：212-215.

　　[16]邱海.大数据时代下公共图书馆读者服务的创新模式分析[J].参花(下)，2023（02）：131-133.

　　[17]潘晔.数字图书馆用户体验与感知优化研究[J].河南图书馆学刊，2019（10）：105-106，109.

　　[18]何可.全民阅读时代下的公共图书馆用户体验服务模式研究[J].无线互联科技，2018（10）：114-115.

　　[19]杨军.用户体验视角下智慧图书馆建设探析[J].新阅读，2022（08）：69-71.